K. G. Schelle · Die Spatziergänge
oder die Kunst spatzierenzugehen

Der Spatzier Gang
La promenade

Karl Gottlob Schelle

Die Spatziergänge
oder die Kunst spatzierenzugehen

Herausgegeben
und mit einem Nachwort versehen
von Markus Fauser

1990
Olms – Weidmann
Hildesheim · Zürich · New York

Motiv auf dem Vorsatzpapier:
Der Vestatempel (Synagoge) im Park von Wörlitz.
Kupferstich von Johann Gottlieb Böttger 1801.
Frontispiz:
Der Spatziergang, aus
Natürliche und affektierte Handlungen des Lebens.
Kupferstich von Daniel Chodowiecki aus
„Göttinger Taschen Calender" 1778–1783.

Nachdruck der Ausgabe Leipzig 1802
Einbandgestaltung: Prof. Paul König, Hildesheim
Druck: Weihert-Druck GmbH, Darmstadt
Einband: Buchbinderei Schaumann, Darmstadt
ISBN 3-487-09431-2

Die Spaziergänge

oder

die Kunst spazieren zu gehen.

Von
Karl Gottlob Schelle.

Res severa est verum gaudium.
Senec.

Leipzig,
bey Gottfried Martini.
1802.

Sr. Durchlaucht

Leopold Friedrich Franz

regierendem Fürsten

von

Anhalt-Dessau.

Ew. Durchlaucht erwarben Sich das schöne Verdienst, mit der wohlthätigen Natur zu wetteifern, welche ihre ernstern Zwecke für das Wohl der Menschheit zugleich zu einer unversiegbaren Quelle des edelsten Vergnügens für dieselbe macht. Dieß wird die Kühnheit eines Schriftstellers entschuldigen, der es wagt, Höchstdero erhabenen und verehrten Namen einer Schrift vorzusetzen, welche die Absicht hat, die Quellen eines Vergnügens aufzusuchen, das in seiner Reinheit mit Adel und Würde der Menschheit auf das innigste zusam‍menhängt. Indem Ew. Durch‍laucht Ihr ganzes schönes Land zu ei‍nem einzigen reitzenden Garten umschu‍

fen, noch Geist und Körper des ent=
zückten Wanderers auf offenen Stra=
ßen wie auf anmuthigen Lustgängen er=
quicken, stellten H ö ch st d i e s e l b e n
in dem Kreise J h r e r erhabenen Thä=
tigkeit für ein großes Ganzes vereinig=

ter Menschen ein Urbild des Schönen auf, welches mit den edelsten Gefühlen erfüllt und den mit Auffindung der Quellen desselben beschäftigten Betrachter das schönste mögliche Beyspiel zur Bestätigung seiner Ideen sich zueignen zu dürfen, wünschen läßt.

Ich ersterbe mit der tiefsten Verehrung

   Ew. Durchlaucht

     unterthänigster
     Karl Gottlob Schelle.

Vorrede
an die Kunstrichter.

Noch immer verweilt die Philosophie zu einseitig in den Regionen der Spekulation; nur sehr wenige Denker lassen sich noch zu Gegenständen des Lebens herab. Gegen einen Mann, der im Geist eines Montaigne, Franklin, Hume denkt, lassen sich Hunderte spekulativer Denker zählen. Ein solches Verhältniß ist offenbar gegen den Zweck der Natur. Unsere Nation, allein in der philosophischen Spekulation groß, krankt jetzt im eigentlichsten Sinne an der Spekulation. Gewiß sind es keine gleichgültigen Symptome dieser Krankheit, daß diejenigen, welche damit behaftet sind, Philosophen wie Garve und Engel, deren wir unserer Nation recht viele wünschen müßten, um die Bedürfnisse des Lebens mit den Angelegenheiten der forschenden Vernunft in Harmonie zu bringen, sogar als entschiedene Unphilosophen behandeln.

Ihren Einfluß bewährt die Philosophie, allgemein überzeugend, erst durch Anwendung auf Gegenstände des Lebens und der Welt. Sie selbst enthält nur die Keime zur Befruchtung der weiten Gefilde der Menschheit. Es ist die Sache des praktischen Philosophen, diese Keime für die mancherley Gegenstände des Lebens aus der Philosophie zu entwickeln. Reichte man schon mit den höchsten, ersten Grundsätzen der Philosophie überall aus, wie sich vielleicht mancher bloß spekulative Philosoph überredet, so bedürfte es freylich einer solchen Entwickelung nicht: aber es verhält sich keineswegs so. Jeder besondere Gegenstand hat seine eigene Natur, führt auf besondere Untersuchungen, worauf die Vernunft, ohne denselben vor Augen zu haben, nicht käme, und derjenige, der sich Untersuchungen der Art unterzieht, bringt als Philosoph die Gegenstände derselben in Uebereinstimmung mit den Ansprüchen der Vernunft. Die Philosophie muß sich vertraulich dem Kreise des Lebens nähern, muß sich anspruchlos zur unterhaltenden Gesellschaft in Stunden der Erholung darbieten, muß sich sogar mit den Vergnügungen der veredelten

Menschheit vermählen, um ihren Werth auch der nichtphilosophischen Welt fühlbar zu machen, und ihren Einfluß über den ganzen gebildeten Theil der Nation, dessen Liebe sie sich erwirbt, zu verbreiten.

Gegenwärtiger Versuch soll nur einen geringen Beytrag zu der so nöthigen Einführung der Philosophie in die Welt liefern. Er hat die Absicht, einen praktischen, nicht unwichtigen Gegenstand der Menschheit, im Geist der Philosophie zu behandeln; macht sich aber dadurch nicht verbindlich, auch die Manier großer Schriftsteller in diesem Fache zu erreichen, oder auch nur zu befolgen. Es wäre unbillig, jemandem Vorzüge zur Pflicht zu machen, auf die er selbst Verzicht leistet: genug, wenn er Dinge auf eine nicht zurückstossende Art sagt, die sich durch innere Wahrheit empfehlen.

———

Vorrede
an die Leser.

Gewisse Dinge scheinen sich ganz von selbst zu geben oder mit dem Begriffe von Kunst sogar im Widerspruch zu stehn. Unter sie möchte beym ersten Anblick auch das Spatzierengehn zu gehören scheinen. Aber es schiene auch nur beym ersten Anblick. Es bedarf keines langen und tiefen Nachdenkens, um diesen Schein ganz verschwinden zu sehn. Wer hätte nicht gefühlt, daß die gesellschaftlichen Promenaden einen ganz anderen Eindruck hervorbringen, als ein Spatziergang im Freyen? Wer sollte wohl das Vergnügen des Spatzieren Gehns: Fahrens: und Reitens für gleich halten und nicht das Eigenthümliche eines jeden solchen Vergnügens wenigstens durch seine Empfindung kennen? Wer dürfte wohl glauben: er lustwandele immer auf dieselbe Art, möge er nun am Abhange eines Bergs oder in einem Thale, auf einer Wiese oder in einem Hain spazieren gehn? Nur dann, wenn dieß der Fall wäre, wenn die mannigfaltigen Eindrücke der Natur und Gesellschaft — wie auf offnem Meere, im Anblick einer einförmigen Wasserwelt, oder wie in dunkler Nacht, wo man auch nichts mehr davon zu unterscheiden vermag — auf das Gemüth verloren gingen, wäre das Spatzierengehn die einfachste Sache von der Welt. Da dieß aber nicht der Fall seyn kann — man müßte denn in dumpfem Träumen auf seinen Spatziergängen herumschleichen —: so ist der Wunsch sehr natürlich, sich die

mannigfaltigen Eindrücke des Spatzieren:
gehns zu entwickeln, und durch Einsicht
in die Natur dieses so vielseitigen Vergnü:
gens sich dasselbe zu vervielfältigen, zu er:
höhn. Nur dann wandelt man auf sei:
nen Spatziergängen nicht blind. *)

*) Nur Rücksichten des körperlichen Wohl:
seyns entscheiden für das Physische bey
dem Spatzierengehn. Welcher geistvolle
Mensch würde es sonst nicht gern für das
Geistige des Spatzierengehns hingeben,
wenn sich dieses ohne jenes haben ließe.
Beyde verhalten sich zu einander wie ein
Schreiter zu einem Spatziergänger, wie
die Schale zum Kern. Oder besteht wohl

Bloß aus einer falschen Vorstellung, die man von dem Begriffe Kunst hegte, könnte man eine Kunst spatzieren zu gehn etwa für pedantisch halten. Als dieß erschiene sie nur dann, wenn sie eine Kunst seyn sollte, die Eindrücke des Spatzierengehns ursprünglich in sich, mit diesem Buch in der Hand, hervorzubringen, zu empfangen, und nicht, wie sie es wirklich ist, eine Kunst, sich die Gründe davon

im Bewegen der Hände und Füße, und nicht vielmehr in den damit verbundenen Gefühlen der Seele das Vergnügen am Tanz?

für das deutlichere Bewußtseyn seines Vergnügens nach dessen mannigfaltigen Eindrücken, so wie für dessen jedesmalige zweckmäßigste Abwechselung und Wahl nach seiner verschiedenen Natur zu entwickeln. Nur wäre das keine Kunst, sondern der höchste Grad von Unnatur.

Eine Kunst spatzieren zu gehn würde für alle gebildete Menschen Interesse haben, denen es etwas werth ist, mit Geist und Sinn in der Natur, so wie im gesellschaftlichen Kreise zu lustwandeln, Natur und Gesellschaft auf seinen Spatziergängen ganz zu genießen; so wie eine Kunst zu leben für jeden Menschen in vollem Sinne des Worts ein Gegenstand der Achtung seyn müßte, wenn ihm das Leben etwas mehr ist, als ein bloßes Spiel.

In einer bewährten Kunst zu leben, der zufolge Anstrengung und Erholung, Ernst und Spiel, Arbeit und Genuß in einer bewährten Tagesordnung mit einander abwechseln, behauptet auch das Spatzierengehn seinen Platz. Sie fröhnt nicht von der Bahn der Natur abgewichnen Menschen, die entweder bloß mit ihrem Körper, oder bloß mit ihrem Geiste thätig sind, die bis zur Erschöpfung angestrengt arbeiten und dann in dumpfem Träumen ihre Erholung finden, die, um mich etwas gemein, aber der Sache gemäß auszudrücken, entweder büffeln oder vegetiren und für die es mithin keinen Zustand einer wahrhaft menschlichen Existenz giebt. Für solche, die gar kein ächtmenschliches Leben verleben, welches zwischen unüberspannter Geistesthätigkeit und veredeltem Vergnügen, wobey der Geist noch seine Rechte behauptete, getheilt wäre, die entweder nur Körper oder Geist sind, wäre eine

Kunst spahieren zu gehn eben so wenig, als eine Kunst zu leben, die den ganzen Menschen umfaßte, eine reelle Kunst. Aber human gebildete Menschen — die, wie schon ein alter Römer in seinen Büchern von den Pflichten den Charakter der Menschheit angiebt, "wenn sie von den Beschäftigungen und Sorgen für die Bedürfnisse des Lebens frey sind, noch ein Verlangen haben, immer etwas zu sehen, zu vernehmen, zu lernen," die den Geist auch noch mit körperlichen Verrichtungen in Verbindung zu sehen wissen und eine mäßig besetzte Tafel in gesellschaftlicher Unterhaltung den ausgesuchtesten Gerichten, die sie einsam genießen müßten, vorziehn — können sich von dem Bildenden des Spatzierengehns sehr wohl einen Begriff machen, können es sich sehr wohl denken, wie Bildung als Grund und Folge mit dem Spatzierengehn zusammenhängt. *) Wäre

*) Einwürfe der Art wie die folgenden eines Schreiters gegen eine Kunst spatzieren zu gehn, würde der Verfasser, der sie nicht aus der Luft griff, so sehr sie aus der Luft gegriffen sind, nicht anders, als man sie hier beantwortet findet, zu beantworten wissen. — „Spatzierengehn ist

es mir gelungen, auch nur die Hauptzüge eines Vergnügens zu entwickeln, dessen

ein bloßer Luxus. Die Zeit, wo man an einem Ort spatzieren zu gehn anfängt, ist die Anfangsperiode seines ökonomischen und merkantilischen Verfalls." O die Aufgabe wäre einer Preisfrage werth, wie es sich einrichten ließe, um von dem Spatzierengehn Renten zu ziehn. „Das Spatzierengehn ist doch die einfachste Sache von der Welt: es gehören nur ein Paar gesunde Füße dazu. Was läßt sich da nun viel darüber schreiben?" Freylich; die Füße thun dabey erstaunlich viel, und vier fördern noch besser als zwey. „Eine Kunst spatzieren zu gehn kommt mir so vor,

Momente sie nicht zu den verlornen Stunden ihres Lebens zählen, so fühlte ich mich schon belohnt.

wie eine Kunst zu schlafen." Sehr ver=
bunden, Herr Somnambulist; wohl be=
komm' Ihnen, während Sie spatzieren
gehn, der Schlaf!

―――――

Inhaltsverzeichniß.

Erstes Kapitel.
Einleitung.

Zweytes Kapitel.
Das Spatzierengehn ist nicht bloße Bewegung des Körpers.

Drittes Kapitel.
Gegenstände des Lustwandelns im Allgemeinen.

Viertes Kapitel.
Interesse des Geistes und Bedingungen beym Lustwandeln.

Fünftes Kapitel.
Nothwendigkeit des gleichmäßigen Lustwandelns in der Natur und auf öffentlichen Promenaden.

Sechstes Kapitel.
Einfluß des einsamen Spatzierengehns im Freyen auf Entwickelung des eigenen Geistes.

Siebentes Kapitel.
Oeffentliche Promenaden auf Alleen. Das schicklichste Lokal dafür.

Achtes Kapitel.
Oeffentliche Promenaden auf Alleen. Eindruck davon.

Neuntes Kapitel.
Lustgärten.

Zehntes Kapitel.

Spatzieren= Gehn = Reiten = und Fahren.

Eilftes Kapitel.

Uebergang zur besondern Betrachtung der Spatziergänge im Freyen.

Einfluß derselben auf das Herz.

Zwölftes Kapitel.

Berge.

Dreyzehntes Kapitel.

Thäler.

Vierzehntes Kapitel.

Feld, Wiese und Wald.

Funfzehntes Kapitel.

Phänomene der Natur.

Tages = und Jahreszeiten.

Sechzehntes Kapitel.

Phänomene der Natur.

Tages = und Jahreszeiten.

Siebzehntes Kapitel.

Die Natur nach Maaßgabe unserer Empfindungen.

Charaktere einzelner Parthien. Gegenstände der Natur; Bewegung und Ruhe in der Natur.

Achtzehntes Kapitel.

Einiges über die physischen Bedingungen des Spatzierengehns.

Erstes Kapitel.
Einleitung.

Wesen zweyer Welten zu seyn; durch ihr Leben die Wirksamkeit vernünftiger Naturen zum Endzweck sich aufgegeben zu sehn, und doch zugleich die Bedürfnisse physischer Wesen zu theilen: dieß bestimmt für Menschen die Eigenthümlichkeit eines menschlichen Daseyns. Zufolge dieser Eigenthümlichkeit hat das Physische und Geistige in uns den entschiedensten gegenseitigen Einfluß. Als Vernunftwesen wünschen wir, unserer Bestimmung nach, unser geistiges Leben immer weiter auszudehnen und, wäre es möglich, über unser ganzes Daseyn zu verbreiten; wir wünschen uns den beengenden Banden des Physischen, so weit es unsere physische Existenz nur verstattet, zu entziehn. Aber eben die Gesetze des physischen Daseyns setzen unserer vernünftigen Wirksamkeit im Leben Schranken aller Art. Wir sehen uns von Klima, Nahrung, Bewegung, Ruhe und Schlaf, körperlichen und geistigen Leiden abhängig gemacht. Vielen Bedingungen unserer physischen Existenz läßt sich nur wenig abdingen, während andere gar nicht von uns abhängen; und beym Ueberschlag seiner Lebensjahre hat man auch im glücklichsten Fall kaum die Hälfte des Lebens gelebt: wenn leben nichts anders heißt, als wirken, sich seines Daseyns empfindend, denkend und handelnd bewußt werden.

Eine der mancherley Bedingungen unsers physischen Daseyns ist körperliche Bewegung. Zwar ist sie nicht unmittelbare Bedingung des Lebens, wie Nahrung und Schlaf: wiewohl völliger Mangel an Bewegung, wäre es auch nur an innerer Bewegung durch das Spiel der Lebenskräfte, dem Tode selbst gleich käme. Allein, wenn Körperbewegung auch nicht unmittelbar Bedingung des Lebens ist, und niemand deshalb sofort stirbt, wenn er auch z. B. Jahre lang im Gefängniß sitzt: so ist sie es doch mittelbar. Sie ist unerläßlich zur körperlichen Gesundheit, zum physischen Wohlseyn.

Doch nicht nur das körperliche Wohlseyn hängt von Körperbewegung mit ab: auch das geistige Wohlbefinden beruht darauf, vermöge des wechselseitigen Einflusses zwischen Körper und Geist. Wie manche Chimären in der gelehrten Welt, wie manche klösterliche Einrichtung, die dem gesunden Verstande Hohn sprach, hatten vielleicht im Mangel an Körperbewegung ihren Grund. Gesetzt aber auch, Mangel an Körperbewegung und stetes Einathmen dumpfer, verschloßner Stubenluft erstickt nicht sofort den gesunden Verstand: so erzeugt es doch, auch bey völligem Gebrauch der Vernunft, einen siechen Geist.

In beyderley Hinsicht, in Absicht auf Körper und Geist, ist Körperbewegung ein nothwendiges Erforderniß der körper: lich = geistigen Gesundheit: aber sie selbst ist nur mechanischer, nicht geistiger Art. An sich ist sie mit keiner vernünftigen Thä: tigkeit verbunden, ist sie für das unmittel: bare geistige Leben Nichts, ist nur physisch abhängigen Wesen ein nothwendiges Hülfs: mittel, die physischen Kräfte zur Fristung des menschlichen Daseyns im Spiel zu er: halten: aber sie selbst erfüllt keinen geisti: gen Zweck. Sie käme also in Absicht ih: res Werthes mit dem Schlaf, dessen wir auch nicht entbehren können, dessen ver: längerte Dauer aber auch baarer Verlust für unser eigentliches Leben ist, in eine Klasse zu stehn. Hätte Spatzierengehn nur diesen eingeschränkten Werth, ginge der Geist dabey ganz leer aus: dann wäre die nähere Betrachtung einer solchen mechanischen Bewegung ganz überflüßig und als physischer Effect, der dem Geiste keinen Spielraum gäbe, auf das Leben ohne allen praktischen Einfluß. Allein das Lustwandeln ist keineswegs bloß körperlich, und es läßt sich sein geistiger Werth sehr wohl retten.

———

Zweytes Kapitel.

Das Spatzierengehn ist nicht bloße Bewegung des Körpers.

Lustwandeln ist nicht bloß physische Bewegung des Körpers, wobey der Geist ganz unthätig wäre. Es verlöre allen seinen Reitz, wenn man sich den Lustwandler nur als eine sich bewegende Maschine dächte, deren Geist sich, während der Bewegung des Körpers, zur Ruhe begeben hätte. Kein gemeiner Mensch, der seinen Geist nicht kultivirt hat, fühlt das Bedürfniß darnach, und es würde ihm zur Last.

Der Grund davon ist sehr klar. Um von den Reitzen des Lustwandelns gerührt zu werden und ein Geistesbedürfniß darnach zu gewinnen, bedarf man eines Grades von Bildung, eines Kreises von Ideen, die nicht jedermann besitzt; und sehr natürlich kann daher ein gemeiner Taglöhner nicht das angenehme Vergnügen eines Spatzierganges empfinden. In diese Klasse gehört aber auch der ganze Haufe unempfindlicher Menschen, deren Geist nichts in Bewegung setzt noch rührt, und die dasjenige nur mechanisch thun, was bey gebildeten Menschen ein geistiges Bedürfniß erzeugt.

Welches ist nun aber die Rolle, die der Geist, der Natur gemäß, beym Lustwandeln spielt? und welche Sphäre des Geistes füllt das Lustwandeln selbst aus?

Die Aufgabe hierbey ist: geistige Thätigkeit mit körperlicher zu verbinden, ein bloß mechanisches Geschäft (des Gehens) zu einem geistigen zu erheben. Allein das erschöpft sie noch nicht. Körperliche Bewegung soll für den Geist Erholung, für den Körper Beförderungsmittel der Gesundheit seyn. Jede anstrengende Geistesbeschäftigung würde diesen doppelten Zweck vereiteln. Deshalb ist methodisches und strenges Denken dem Lustwandeln fremd. Für den Geist wäre es nicht Erholung, sondern neue Anstrengung, so wie ein solches Denken durch die doppelte, physische und geistige Bewegung den Körper ermattet, nicht stärkt. Ueberdieß müßte der Geist beym Lustwandeln den Stoff und die Gegenstände seiner unangestrengten Thätigkeit in dem Kreise des Lustwandelns selbst finden. Nur dann nähme es eine eigene Sphäre des Geistes und der Bildung ein.

Spatziergänge sind nicht zu Verfolgung metaphysischer oder physischer Untersuchungen, zur Auflösung mathematischer Probleme, zur Wiederholung der Geschichte; kurz nicht zur Meditation bestimmt. Selbst das schlaue, raffinirte Beobachten der Menschen auf Spatziergängen wäre eben so sehr gegen den Zweck des Lustwandelns, als gespannte Beobachtung der Natur.

In dem Kreise des Lustwandelns muß die Aufmerksamkeit des Geistes nicht gespannt; sie muß mehr ein angenehmes Spiel als Ernst seyn. Sie muß über den Gegenständen nur gleichsam leicht schweben, muß von den äußern Gegenständen mehr angeregt, als von dem Geiste ihnen aufgedrungen werden. Mit offener Empfänglichkeit muß der Geist die Eindrücke der ihn umgebenden Dinge mehr ruhig aufnehmen, als leidenschaftlich sich über etwas erhitzen, muß sich mit heiterer Besonnenheit ihrem Strom mehr willig überlassen, als mit zu stark zurückwirkender Selbstthätigkeit, in seine eigenen Ideen verloren, sich ihnen entziehn.

Eine solche Geistesthätigkeit befördert die körperliche Gesundheit, bewirkt die

Erholung des Geistes von angestrengtern Arbeiten, und erhält zugleich dessen Kräfte durch eine angenehme und leichte Beschäftigung wach, ohne einen Zustand der unterbrochenen geistigen Existenz eintreten zu lassen.

Auch wird der Geist durch eine solche Thätigkeit nicht bloß beschäftigt, gereitzt, oder, wenn der bildliche Ausdruck erlaubt ist, angenehm gerüttelt: er wird auf eine wesentlich eigene Art, von wesentlichen Seiten dadurch gebildet. Freylich erhält er dadurch nicht seine höchsten Grundsätze, seine edelsten Ueberzeugungen, seine nur durch Anstrengung und Mühe zu erwerbende intellektuelle und moralische Vollkommenheit: aber er tritt dadurch in unmittelbare Gemeinschaft, mit Natur und Menschheit, welche die zartesten Saiten seines Wesens berührt. Ihre leise Sprache zu verstehen und sich die reinsten Freuden dadurch zu bereiten: dazu hat die Natur diese anstrengungslose, durch nichts anders zu ersetzende Geistesthätigkeit des lustwandelnden Menschen bestimmt.

Drittes Kapitel.
Gegenstände des Lustwandelns im Allgemeinen.

Natur und Menschheit, erstere in ihren mannigfaltigsten Scenen, letztere in ihrer heitersten Gestalt, sind der Schauplatz und die Gegenstände des Lustwandlers. Und in der That: kann es wohl für den Menschen etwas wichtigeres geben, als Natur und Menschheit? Wer den reinsten Begriff von Menschheit und Natur hätte, und in seinem Busen bewahrte, wäre unstreitig der gehaltvolleste Mensch.

Man kann dem Lustwandeln keinen höhern Rang anweisen, als daß man es für diesen großen Begriff höchst ersprießlich zeigt.

Bleiben wir zuförderst bey der Natur stehn, so ist es mehr die mannigfaltige und schöne, als die einförmige und reizleere Natur des mit keinem Pflanzenreich überkleideten Erdreichs, welche den Geist beym Lustwandeln auf mannigfaltige Weise harmonisch stimmt, und ihm eine Menge der gemüthlichsten Erscheinungen zuführt. Selbst hohe, aber nackte Felsen bewirken einen mehr gräßlichen, mehr zurückstoßenden, als einen erhabenen und anziehenden Eindruck. Nur die vegetabilische Welt des Pflanzenreichs enthüllt die leisesten und verschiedensten Schattirungen der

Natur. Wie todt, wie ohne alle Empfindung müßte der Mensch seyn, der — gesetzt es wäre der Fall — seine Tage in einer dürren Haide verlebte!

An Orten, welche in einer schönen Gegend liegen, worin Berg und Thal abwechseln, die mit Wiese, Fluß und Wald und mit allen Reitzen der Natur ausgestattet ist, wird der Geist des Lustwandelnden überall angezogen, und findet zu seinen Betrachtungen den mannigfaltigsten, so wie den reitzendsten Stoff. In einer solchen Gegend gewinnen sogar Erscheinungen den höchsten Reitz, welche auch das empfänglichste Gemüth in einer dürren Haide oder auf dem platten Lande ungerührt ließen. Das große Schauspiel der aufgehenden Sonne gewährt nur in einer interessanten Gegend, auf hohen Bergen einen so bezaubernden Anblick. Allmähliger Uebergang von Nacht zu Tag findet bey aufgehender Sonne nur da Statt, wo es auf den Gipfeln der Berge zuerst tagt, während es tiefer nur noch dämmert, und das Thal gar noch in Dunkel eingehüllt liegt. Indeß hat die Natur auch in einer berglosen Gegend, bey Wiese und Wald mit abwechselnden lachenden Fluren, noch hohen Reitz. Nur da, wo ihr auch dieß fehlt, und bloßes einförmiges Land den Blick ermüdet, den es nirgends festhält, erscheint sie ganz arm: und hier ist der lustwandelnde Mensch — sofern er das noch seyn kann — ganz auf sich selbst eingeschränkt.

D

Nur müßte das Interesse, das der Lustwandler an der Natur nimmt, kein **intellektuelles** Interesse seyn. Ein solches ginge über den bloßen Eindruck der Dinge, ginge über ihre reizende Oberfläche hinaus und verwandelte das freye Spiel der Vorstellkräfte, wobey nur Erholung Statt fände, in ein ernstes, den Geist anstrengendes, so wie den Körper ermattendes Geschäft. Ihre volle reine Wirkung zur Erheiterung des Geistes, so wie zur treuen Aufnahme, zur vertrauten Kenntniß ihrer Erscheinungen, thut die Natur nur in der für das Lustwandeln einzig günstigen Verfassung unsers Innern, wo man sich mit unbefangener Seele, aber darum nicht bloß leidend, ihren Eindrücken überläßt. Man darf wohl zweifeln, ob ein

Naturkundiger, der sich gewöhnt hat, die Naturdinge in ihre Bestandtheile zu zerlegen, und in Klassen zu ordnen, das reine Interesse des, dem bloßen Anblick derselben hingegebenen, unbefangenen Betrachters an der Natur zu nehmen vermag. Indeß wäre das Interesse, das jemanden zur Betrachtung des wunderbaren Baues, so wie der schönen Gestalt eines Insekts hinzöge, keineswegs bloß intellektuell. Nicht der bloße Verstand wäre dabey beschäftigt, und die, nicht bloß kalter Neugier fröhnende Betrachtung bliebe bey dem äußern Eindruck stehn. Eines solchen Interesses an der Natur noch fähig zu seyn, bewiese bey dem Naturforscher für seine bewahrte Menschheit.

Viertes Kapitel.

Interesse des Geistes und Bedingungen beym Lustwandeln.

Eigentlich müßte das Interesse des Lustwandlers an der Natur das ästhetische seyn. Nur bey der ästhetischen Ansicht der Natur findet ein freyes Spiel der Gemüthskräfte Statt: nur sie kann für die Bekanntschaft mit der Natur, mit der Mannigfaltigkeit ihrer Erscheinungen auf ihrer reizenden Oberfläche wuchern. Sie wird auch das moralische Interesse an der Natur mittelbar, durch die Eindrücke ihrer erhabenen und rührenden Scenen befördern: anstatt daß die Thätigkeit des Geistes, wenn die Betrachtung von rein intellektuellem und moralischem Interesse ausginge, aus dem für den Zweck des Lustwandelns so nöthigen freyen Spiel der Gemüthskräfte in ein ernstes Geschäft überginge.

Aesthetisch müßte aber auch das Interesse des Lustwandlers an der Menschheit seyn: wenn ästhetisch jede freye Beschäftigung der Gemüthskräfte genannt zu werden verdient, wo die ganze Thätigkeit auf einem ergötzenden Ideenspiele beruht. Es giebt Menschen, welche eines solchen Interesse's an der Menschheit kaum fähig zu seyn scheinen: welche das bunte Gewühl einer fröhlichen, auf Spatziergänge sich ergießenden Menge nicht leicht betrachten können, ohne sogleich von dem gefallenden Eindruck glänzender Gestalten, woran sich der Gemeinsinn eines unbefangenen Gemüths hält, sich in moralische und intellektuelle Betrachtungen über Luxus, Verfall der Sitten, Fortschritte der Kultur zu verlieren. Bey wem dieß herrschende Stimmung ist, der dürfte auch des Lustwandelns im Kreise der Menschheit kaum fähig seyn: er wird nicht Stoff in ihrer Mitte finden, sein krankes Gemüth zu erheitern; er verstimmt sich nur noch mehr. Dieß war gewissermaßen ein Fehler Rousseaus, und daher erklärt sich sein zu einseitiger Umgang mit der Natur. Man darf nur auf eine solche einseitige Richtung des Gemüths aufmerksam gemacht seyn, um sich, durch Versetzung in beyderley Lagen mit dem Bestreben nach Unbefangenheit des Gemüths, davor zu verwahren.

Von Seiten des Lustwandelnden bedarf das Spatzierengehn, als **innerer Bedingung**, der Unbefangenheit des Gemüths. Es läßt sich nicht mit sorgenvollem Gemüth oder bekümmerter Seele lustwandeln, und man muß sich seiner Sorgen und seines Kummers entschlagen können, um des erquickenden und wohlthätigen Eindrucks eines Spatziergangs theilhaftig zu werden. Allein das ist noch nicht genug, um von einem Spatziergange wirklich einen solchen Eindruck zu erhalten. Es bedarf dazu auch **äußerer Bedin** gungen von Seiten des Orts, die nicht in der Gewalt des Lustwandlers stehn. Sie finden sich aber nur in einer größern, volkreichen Stadt. Hier, wo sich nicht jedermann, wie in einer kleinen Stadt kennt, wirken die Menschen nur durch ihren Anblick auf einander als Menschen, nicht als dieser oder jener besondere Mensch, mithin die ganze Menge der Spatzierenden nicht als bloßer Bekanntschaftskreis. Dieß läßt dem Gemüthe seine Freyheit; und nur da kann man sich auf einem öffentlichen Spatziergange so zerstreut und erheitert fühlen, wie in keiner kleinen Stadt. Beym Anblick von Menschen, die wir kennen, bleiben wir nie stehn: unsere Gedanken nehmen sogleich eine andere Richtung, und zwar eine Richtung nach innen; wir erinnern uns sofort ihres Standes, ihrer Denkungsart, ihrer Verbindungen, ihres nähern oder entferntern Verhältnisses zu uns. In einer größern Stadt können die wenigsten sich begegnenden Spatziergänger Bekannte seyn.

Unter die äußern Bedingungen des Lustwandelns, die nicht bloß von dem Orte seines Aufenthaltes abhängen, muß man auch die zählen, daß der Lustwandelnde sich durch nichts sonst in seiner Freyheit beschränkt fühle. So wäre eine Verbindlichkeit, an einem gewissen Orte, zu einer bestimmten Zeit, in einer nicht selbstgewählten Gesellschaft, oder gar unter Aufsicht zu lustwandeln, etwas das sich selbst widerspricht. Spazierengehn ist ein freyes Vergnügen und besteht mit keinem Zwang. Das angenehmste, was es für den freyen Menschen giebt, — und das sind Spaziergänge doch gewiß — wird unter gefesselten Verhältnissen eine wahre Last. Verhältnisse, die jede freye Bewegung mechanischen Regeln und sklavischem Zwange unterwerfen, verhindern, zumahl in den für die Bildung so wichtigen Jugendjahren, die freye Entwickelung eigner Menschheit und erzeugen die Unfähigkeit zu einem vernünftigen Selbstgebrauch der Freyheit. — Schon ungebetene Gesellschafter auf Spaziergängen versetzen jemanden in die Lage des Horaz, dem sich, in der heiligen Straße, auch der Gelehrten einer zum Gesellschafter aufdrang. Eben so wenig würde derjenige mit völlig freyer Seele spatzieren gehn, welcher auf seinem Spatziergange gewissen Personen zu begegnen fürchtete, deren unangenehmen Anblick er zu vermeiden wünschte; und das Lustwandeln im Freyen würde seine Reitze verlieren, wenn Furcht (zum Beyspiel vor Räubern oder wüthenden Thieren) den Eindruck des Vergnügens schwächt. Deshalb bedarf es zuvörderst der innern und äußern Bedingungen des Lustwandelns, um im Kreise der einladendsten Gegenstände des Spatzierengehns wirklich zu lustwandeln, und nur, wenn diese unerlaßlichen Bedingungen Statt finden, können die Gegenstände des Lustwandelns — die besuchteste Promenade, die schönste Naturgegend, der heiterste Tag — mit aller ihrer Stärke auf das Gemüth des Lustwandlers wirken.

Ist nun die Bedingung der innern und äußern Freyheit beym Lustwandeln unter Menschen vorhanden: so zerstreut und erheitert schon der bloße Anblick von Menschen das Gemüth. Es ist nämlich eine Eigenheit unserer Natur, uns nur, abgesondert von Menschen, in der freyen Natur oder auf unserm Zimmer, einsam zu fühlen. Sobald wir in der tiefsten Einsamkeit, welche die Gegenwart keiner andern Gattung von Geschöpfen unterbricht, auch nur einen Menschen erblicken, empfinden wir uns nicht mehr einsam. Wie freuet es den einsamen Reisenden, auf einen Menschen zu treffen! Und ein solcher Anblick von Menschen ist ihm nicht bloß seiner Sicherheit wegen lieb. — Diese zerstreuende Wirkung wird durch den Anblick mehrerer Menschen verstärkt; und sie wird es durch den Anblick froher lustwandelnder Menschen, die sich ihrer Sorgen entschlagen haben und sich angenehm unterhalten, *) noch ungleich mehr.

*) Um sich auf öffentlichen Spatziergängen durch den Anblick von Menschen an ge = nehm zerstreut (nicht bloß aus seiner Einsamkeit, und wohl gar auf eine widrige Art, gerissen) zu fühlen: darf man sie nicht in Geschäften, und noch weniger mißvergnügt sehn. Es würde gewiß nichts weniger als eine bloß an ge = nehm zerstreuende Wirkung thun, wenn man in den Alleen die Aussicht auf die

Sehr wahr schildert ein beliebter Dichter den Einfluß, den der Anblick von Menschen, aber nicht bloß auf den Hypochondristen äußert.

> Der Zänker mit sich selbst, der zum
> Skelet sich denket,
> Manch Traumbuch über sich befragt,
> Unschlüßig was er wünscht, unwissend
> was ihn kränket,

Arbeitstische, Comptoire, Toiletten der Stadt hätte. Nicht minder gewiß ist, daß fremdes Mißvergnügen ansteckt oder doch den Frohsinn schwächt. Schon ein gleichgültiges Gesicht wirkt auf das Gemüth nicht vortheilhaft, wenn es dasselbe auch nicht sofort verstimmt. Nun entbinden aber öffentliche Spatziergänge die Menschen von ihren Geschäften und laden sie zum Vergnügen ein: und solche verfehlen deshalb auch nicht ihren erheiternden Eindruck.

Und ungewiß was ihm behagt —
Der suche Menschen auf! In ihren
　　　Kreis verschlungen,
Hat oft ein fliegend Wort, das im
　　　Tumult der Zungen
Gleich einem Blitz vorüber fährt,
Des Herzens Labyrinth durchdrungen,
Und seine Tiefen aufgeklärt. *)

*) Thümmels Reise in die mittägli=
chen Prov. v. Frankreich Th. I. S. 73.

Fünftes Kapitel.

Nothwendigkeit des gleichmäßiger Lustwandelns in der Natur und auf öffentlichen Promenaden.

Beyde Arten von Lustwandeln, im Freyen der Natur und auf öffentlichen Spatziergängen einer Stadt, erfüllen den Zweck des Lustwandelns; nur erfüllt ihn jede nicht ganz. Es müssen beyde mit einander verbunden werden, wenn das Lustwandeln alle die Vortheile gewähren soll, welche sich davon für unsere geistige Existenz versprechen lassen. Wer stets

nur auf öffentlichen Spaziergängen lust=
wandelte, würde wenig Sinn für die
Natur verrathen, und derjenige müßte
die Vortheile der Gesellschaft für allseitige
Bildung wenig zu schätzen wissen, wel=
cher, im einsamen Umgange mit der Na=
tur, alle öffentlichen Spaziergänge geflis=
sentlich miede.

Sowohl der gehaltleere Geck, der auf
allen öffentlichen Promenaden erscheint,
den man aber nie im Freyen der Natur
erblickt, als der düstere Kopf, der nur
immer das Dunkel der Wälder oder das
freye Feld zu gewinnen sucht, wo er hof=
fen darf, daß ihm Niemand in den
Wurf komme, zieht von dem Lustwandeln
einen sehr einseitigen Vortheil. Ersterer

wird bey seinem Lustwandeln schwerlich ein anderes Interesse, als das der Eitelkeit kennen, so wie letzterer die Unbefangenheit des Gemüths, die dazu erforderlich ist, ein uninteressirtes Wohlgefallen an Menschen zu empfinden, endlich ganz verliert.

Legt man sich nun die Frage vor, welches Verhältniß zwischen beyderley Arten von Spatziergängen Statt finden müsse: so darf man, um sie sich zu beantworten, nur auf Zweck und Wirkung einer jeden von ihnen zurückgehn.

Spatzierengehn ins Freye unterhält die Bekanntschaft mit der Natur. Der Städter ist leicht in Gefahr, den Sinn für die Natur zu verlieren, und er muß dieser Gefahr durch Spazierengehn ins Freye von Zeit zu Zeit vorbeugen. Städtische Verhältnisse engen überdieß den Geist, der sich ihnen nie entzieht, endlich ganz ein; man muß deshalb durch erhabene Eindrücke der Natur seinen Geist bisweilen erheben und erweitern. Die großen und freyen Ansichten der Natur entfesseln von den kleinlichen Verhältnissen des städtischen Zwanges.

Es leuchtet von selbst ein, daß der Geist einer solchen Erhebung nicht so häufig als der Zerstreuung von Geschäften bedarf. Eine solche baldige Zerstreuung und Erholung bewirkt schon ein kurzer Spaziergang auf einer öffentlichen, mit

Menschen bedeckten Wandelbahn. Auch würden die großen Eindrücke der Natur gar bald ihre Kraft auf unser Gemüth verlieren, wenn man immer unter ihnen lebte. Um sich Sinn für die Natur zu erhalten, seinen Geist zuweilen durch ihre großen erhabenen Verhältnisse zu erweitern, unternimmt man am besten von Zeit zu Zeit eine Reise in eine Gegend, welche große und erhabene Gegenstände der Natur darbeut; und sie müßte eigentlich zu Fuß gemacht werden, müßte ein wirkliches Lustwandeln, nicht ein beschwerliches Reisen seyn, um sich vollen Genuß davon zu versprechen. Aber zu den gewöhnlichen Spatziergängen ins Freye bedarf es nicht der großen Natur. Sie fordert die Thätigkeit des Geistes zu stark auf, als daß man sich ihr immer nähern möchte. Wer würde gern stets unter Alpen lustwandeln?

Im Allgemeinen nähert sich das Lustwandeln im Freyen mehr der Einsamkeit, so wie das Spazierengehn auf besuchten Spatziergängen einer volkreichen Stadt den Charakter des geselligen Lebens annimmt. Man braucht im Freyen nicht gerade allein zu gehn, und kann doch mehr einsam seyn, als auf einem öffentlichen Spatziergang. Die wenigen Spatziergänger in einer Flur sind zu sehr zerstreut, als daß sie sich in ihren Gefühlen so nahe, als auf einem eng umschränkten Spatziergange, berühren könnten. Auch dürfen sie dieß nicht; denn sonst würde der Zweck des Spatzierengehns im Freyen, der ruhigen unbefangenen Betrachtung der Natur, durch den zerstreuenden Anblick von Menschen verloren gehn.

———————

Sechstes Kapitel.

Einfluß des einsamen Spatzierengehns im Freyen auf Entwickelung des eigenen Geistes.

Ob man gleich im Freyen der Natur, um den Zweck des Lustwandelns im Freyen zu erfüllen, nicht allein zu gehn braucht und man sehr gut mit einem gleichgestimmten Gesellschafter in einem ruhigen Gespräch von leidenschaftlosem Charakter über Gegenstände des allgemeinen Menschenlebens, der Literatur, oder über öffentliche Ereignisse während des Spatzierengehens im Freyen begriffen seyn kann, ohne die Eindrücke der Natur auf das Gemüth zu verlieren: so muß doch derjenige, der nicht der bloße Wiederhall äußerer Eindrücke seyn will, der vielmehr aus innerem Triebe ein Bedürfniß fühlt, auch seinem eigenen Genius sich zu überlassen und mit sich selbst zu leben, bisweilen einsam lustwandeln. Wer gar kein solches Bedürfniß empfände, wäre ein gemeiner, gehaltloser Mensch. Die eigene Natur, die eigenen Gedanken eines Menschen entwickeln sich nur in Stunden, wo er, von fremden Geistern unberührt, seinen Geist sich selbst wiedergiebt. Kaum gewinnt man, bey dem besten Willen, dazu eine andere Zeit, als die des Spatzierengehns. Nur zu selten kommt der Geist bey unserer so sehr verwickelten Kultur, unserer so sehr erweiterten Literatur und Geselligkeit zu sich selbst; wäre es auch nur, die fremden Eindrücke durch innere ruhige Selbstbearbeitung in sein Eigenthum zu verwandeln! Lustwandeln im Freyen, wo die Naturgegenstände die Thätigkeit des Geistes sanft anregen und sie durch ihren Wechsel in einem angenehmen Spiel erhalten, befördert den Umgang mit sich ungemein, und zwar ohne die Peinlichkeit, die mit dem Selbstumgange auf dem Zimmer für die Länge verknüpft wäre.

Einsames Spatzierengehn im Freyen der Natur von Zeit zu Zeit, in der Absicht, sich selbst zuweilen von den zerstreuenden Eindrücken der Gesellschaft und Literatur zurückgegeben zu werden, wäre frey: lich nicht der unmittelbare Zweck des Lust: wandelns in der Natur: aber dieser leidet auch nicht dadurch. Das würde nur dann der Fall seyn, wenn man sich bey einem solchen Lustwandeln in der Natur so ganz in sich selbst versenkte oder verlöre, daß auch alle Eindrücke, aller Genuß der Na: tur für das Gemüth verloren gingen. Allein da die Art der Geistesthätigkeit beym Spatzierengehn immer leicht und an: strengungslos seyn muß, um ihren Zweck zu erfüllen: so ist dieß einsame Spatzie: rengehn auch nur von einem freyen Selbstumgange zu verstehn. Nur da wird sich auch der Geist auf Wirkun: gen überraschen, die er sich nicht abnö: thigen lassen würde.

75

Ganz auf dieselbe Art, wie bey einem freyen Selbstumgang in der Natur verhält man sich beym eigentlichen Zwecke des Spatzierengehns im Freyen, wo man mit unbefangenem Gemüth sich bloß den Eindrücken von den Erscheinungen der Natur überläßt. Auch da steht der Geist mit der Natur noch in Wechselwirkung, berührt sie nicht unmittelbar, sondern nur mittelbar durch die Art seiner geistigen Existenz, seiner Stimmung, seiner Ideen und Gefühle, die er, nur jeder in einem eigenen Maaß, zum Anblick derselben mitbringt. Denn bloßes, blindes Anschauen der Natur würde ohne damit verknüpfte Gefühle und Ideen, wodurch die Betrachtung derselben erst Sinn und Bedeutung erhält und deren mannigfaltigeres Spiel bey einem größern Reichthum des Geistes und Herzens den Genuß erhöht, nur ein dumpfes Träumen, aber kein Lustwandeln seyn. Nur bleibt die Betrachtung und der Genuß der Natur auch beym einsamen Spatzierengehn im Freyen immer Hauptzweck, weil nur da der Eindruck der Natur überwiegt, weil nur da die Seele deren wandelbare Erscheinungen im Flug ergreift. Wenn jemand immer nur sich in der Natur sähe oder sie bloß zur Folie brauchte, seine eigenen, von ihr unabhängigen Ideen zu verfolgen; könnte er dieß auch auf seinem Zimmer thun. Sie selbst spräche dann nicht mehr zu seinem Geist und Herzen, und er faßte nicht mit Liebe ihr Bild treu auf. Auch dazu bedarf man, beym Lustwandeln im Freyen, bisweilen der Einsamkeit. Wer nicht von Zeit zu Zeit das Bedürfniß des einsamen, unbefangenen Umgangs mit der Natur fühlt, der ist nur ein gemeiner Mensch, bey dem seine innerste Natur nicht zur Zeitigung kam.

Es ist doch gewiß ein sehr treues Bild von den Erscheinungen der Natur im Freyen, welches Göthe in folgender Stelle des Werther davon entwirft. Um die Natur so treu wie hier Göthe oder Thomson in seinen Jahrszeiten zu mahlen, muß man dieselbe aus eigener Anschauung und einsamer Selbstbetrachtung kennen, worin sich ihr Bild der Seele nur so bestimmt einprägt, und wovon auch das Gemählde des vaterländischen Dichters, wie die Jahrszeiten des Britten, offenbar zeugt:

„Wenn ich vom Felsen über den Fluß bis zu jenen Hügeln das fruchtbare Thal überschaute, und alles um mich her keimen und quellen sah; wenn ich jene Berge, vom Fuß bis zum Gipfel, mit hohen dichten Bäumen bekleidet, jene Thäler in ihren mannigfaltigen Krümmungen von den lieblichsten Wäldern beschattet sah, und der sanfte Fluß zwischen den lispelnden Röhren dahin gleitete und die lieben Wolken abspiegelte, die der sanfte Abendwind am Himmel herüber wiegte; wenn ich dann die Vögel um mich den Wald beleben hörte, und die Millionen Mückenschwärme im letzten rothen Strahle der Sonne muthig tanzten, und ihr letzter zuckender Blick den summenden Käfer aus seinem Grase befreyte; und das Schwirren und Weben um mich her mich auf den Boden aufmerksam machte, und das Moos, das meinem harten Felsen seine Nahrung abzwingt, und das Geniste, das den dürren Sandhügel hinunter wächst, mir das innere, glühende, heilige Leben der Natur eröffnete: wie faßte ich das alles in mein warmes Herz, fühlte mich in der überfließenden Fülle wie vergöttert, und die herrlichen Gestalten der unendlichen Welt bewegten sich allebend in meiner Seele."

Man würde sich sehr irren, wenn man aus bloßen Beschreibungen, selbst aus der schönsten Schilderung, wie die gegenwärtige, die vollen geschilderten Natureindrücke zu erhalten glaubte!

Siebentes Kapitel.

Oeffentliche Promenaden auf Alleen. Das schicklichste Lokal dafür.

Unter die wesentlichen Bedürfnisse des geselligen Lebens gehören unstreitig die öffentlichen Spaziergänge einer Stadt. Wo in Städten von einigem Umfang und Wohlstand für diesen unentbehrlichen Theil des allgemeinen Vergnügens nicht gesorgt wäre, hätte die Civilisation sehr geringe Fortschritte gethan. An einem Orte, wo die Menschen in größerer Menge auf einem Raum zusammen wohnen; welcher nicht, wenigstens nicht in größern Städten Häuser mit Gärten in sich schließt, wo man sich überdieß bey gewecktem Bedürfniß der Geselligkeit durch das Zusammenwirken mehrerer Menschen und Menschenklassen auf einander, nach anstrengenden Arbeiten innerhalb der Wohnungen, nicht mit der einsamen Natur begnügt, mit der nicht jeder zu sprechen weiß und nicht jeder, der dieß wüßte, immer nur sie — und sie weniger in Stunden der Erholung, als wenn man sich nicht so abgespannt fühlt — zu sprechen wünscht: da kann die Sorge für das Lustwandeln nicht bloß der Natur überlassen bleiben. Schwerlich fänden da, wo dieß der Fall wäre, die Menschen zu ihren Spaziergängen einen gemeinschaftlichen Vereinigungspunkt und die Art von gegenseitiger freyer Einwirkung derselben auf einem solchen hätte da gar nicht statt. Da, wo es an Spatziergängen fehlt, worauf man sich auf die leichteste Art, durch den Anblick lustwandelnder Menschen, zerstreuen könnte, fehlt es an dem unentbehrlichsten Bedürfniß einer gebildeten Stadt.

Auch ist das Bedürfniß nach Spatziergängen selbst in kleinern Städten nicht ganz unbefriedigt geblieben; und freylich kann es oft nicht in einem ausgezeichnetern Grade befriedigt werden, weil der Anlegung zweckmäßiger Spatziergänge Natur, Lokal, und gesellschaftliche Verhältnisse entgegenstehn. Aber im Allgemeinen dürfte der Mangel zweckmäßig angelegter

Spatziergänge, den man häufig noch drückend genug fühlt, seinen Grund darin haben, daß man noch selbst auf einer zu niedrigen Stufe der Kultur steht, welche das Bedürfniß darnach nicht erregt. Es giebt Städte, wo die wirklich angenehmen Spatziergänge nur selten und von äußerst wenigen Lustwandlern besucht werden, ohne daß die Bewohner derselben etwa ein zu reger Sinn für die Natur ins Freye riefe. Wo das geistleere Vergnügen am Kartenspiel allen Sinn für die edlern, gehaltvollern Vergnügungen der Natur und Geselligkeit erstickt: darf man sich da noch der Kultur rühmen? Leipzig, das so viele Hülfsmittel der Kultur in sich vereinigt, bewährt seine Kultur auch dadurch, daß es in gleichem Sinn der Hu-

manität, der deſſen ſchöne Alleen ins Da:
ſeyn rief, das auf ihnen durch Luſtwan:
deln mögliche Vergnügen in vollem Maaße
genießt und gewährt.

Am zweckmäßigſten befinden ſich die
Spatziergänge eines Orts ſogleich unmit:
telbar vor den Thoren der Stadt, wo ſie
ſich um dieſelbe herumziehn. Entferntere
Spatziergänge, die nicht um die Stadt
herumliefen, würden zur Folge haben,
daß man das Vergnügen des Spatzieren:
gehns auf einer mit Menſchen bedeckten
Wandelbahn erſt weit ſuchen müßte. Das
machte ſolche Spatziergänge unbequem,
ermüdend; und ſchwerlich wären ſie mit
Menſchen bedeckt. Von welchem Punkt
einer bequem gelegenen, gebauten und

umgränzten Stadt man dagegen auch ausgeht: immer befindet man sich sogleich auf den öffentlichen Spatziergängen und in erheiternder Gesellschaft. Große Städte sind wegen ihres ungeheuern Umfangs eben so wenig, als kleine Städte wegen des Mangels an Interesse und innerer Freyheit, welche die zu genaue Bekanntschaft der Bewohner derselben unter sich nicht gewinnen läßt, dazu geschickt, das Vergnügen öffentlicher Spatziergänge in vollem Maaße zu gewähren. Pflanzt man auch Alleen innerhalb der großen Stadt, so gewähren sie doch — gesetzt auch, der Mittelpunkt der Stadt wäre für sie bestimmt, und alle Hauptstraßen liefen darauf aus — keineswegs alle Bequemlichkeit und allen Vortheil von den Alleen einer mäßig großen, damit umschlossenen Stadt. Nähert sich letztere der Musterform für eine (bequem gebaute) Stadt und bildet sie ein völliges oder länglichtes Rund: so füllen sich ihre Alleen von allen Seiten auf die leichteste Art mit Lustwandlern, die sie eben so leicht und bald ihren Wohnungen wiedergeben, so wie Geschäfte sie davon abrufen oder sie das Bedürfniß nach Ruhe empfinden; sie wandeln in stets andern und andern Richtungen, wo sich nach auswärts der Blick ins Weite öffnet, ohne sich von dem gemeinschaftlichen Mittelpunkt ihres Aufenthalts zu entfernen; sie bewegen sich nicht stets vor einander auf und ab, ohne daß es doch für jemanden unmöglich würde, mit Personen, die er auf der Allee weiß, wieder zusammen zu treffen, sobald er die entgegengesetzte Richtung nimmt, welches nicht so leicht der Fall seyn könnte, wenn sich die Stadt in lange Schweife hier und da hinauszöge, wo auch das Wohlverhältniß zwischen der Zeit wegfiele, welche dazu gehörte, die Runde um eine solche unförmliche Stadt zu machen, und zwischen derjenigen, welche das Bedürfniß der Lustwandelnden erheischt.

Selbst die sanfte Abschüssigkeit einer Stadt würde durch ihre höher und niedriger gelegenen Theile von verschiedenen Seiten, ohne daß sie doch eigentlich an einen Berg sich anlehnte und dadurch das Lustwandeln um ihren Umkreis verleidete, wo nicht unmöglich

machte, das Vergnügen der Spatziergänger erhöhn. *)

*) Leipzig enthält für seine Alleen, abge-
rechnet nach außen Aussichten ins Weite,
alle Bedinguugen eines solchen Lokals.

Achtes Kapitel.

Oeffentliche Promenaden auf Alleen. Eindruck davon.

Beym Lustwandeln in schön bepflanzten Alleen einer, für den Zweck des geselligen Spatzierengehns ganz geeigneten Stadt, wirkt die Natur auf das Gemüth nicht bloß als Natur. Man nimmt da an ihr nicht besonders oder gar, wie im Freyen, einzig Antheil. Vielmehr dient sie den Lustwandlern nur als Folie, um die Gemüther derselben durch den sanften Reitz ihres erquickenden Grüns, das in immer andern und andern Gestalten der verschiedenen Gewächse und Blätter auf die mannigfaltigste Weise anzieht, mehr für Geselligkeit zu beleben. *) Sie ist der grüne Grund, der das Gemählde der lustwandelnden Welt hebt.

Alleen zum Lustwandeln vor den Thoren einer Stadt vereinigen demnach den doppelten Eindruck der Natur und Menschheit; aber auf eine eigene Art gemischt. Die Natur erscheint durch den schnellen Uebergang zu ihren freyen Verhältnissen von dem Schauplatz menschlicher Künstlichkeit, der dem Gemüthe auf

*) Im Winter entbehrt die lustwandelnde Welt dieses belebenden Reizes und das Spatzierengehn ist da mehr physischer als geistiger Art.

den Promenaden in beständigem Anblick der Stadt noch immer gegenwärtig bleibt, in Kontrast mit der Kunst. Wenigstens ist dieß der dunkele, freylich oft unempfundene oder unbeachtete Eindruck, den ein so schneller Wechsel und ein so nahes Berühren von Natur und Kunst im Anblick einer Stadt und des sie umgebenden Naturparks seiner Natur nach macht und den nur die Gewohnheit, beyde stets da beysammen zu sehn, endlich verwischt. Aber selbst bey demjenigen, der, mit ausgebildetem Geiste, den Eindruck beyder in dieser Nähe zum ersten Mahle an sich erführe, müßte sich dieser Gegensatz, auf der Promenade, in den reinen Eindruck des Lustwandelns auf einem öffentlichen Spaziergange auflösen; er müßte denn ein verstimmter Grillenfänger wie Rousseau seyn, der den Anklang eines ersten auffallenden Gefühls selbst unter tausenderley Veranlassungen zur Freude nicht verwinden könnte.

Jener reine Eindruck des Lustwandelns auf einer öffentlichen Promenade äußert sich nun durch ein uninteressirtes Wohlgefallen an Menschen, ihrem Seyn und Thun: der Anblick des Frohsinns, der guten Laune, des heitern Scherzens, des geschmackvollen Anzugs, der angenehmen Haltung des Körpers der schönen Welt, des wechselnden Spiels der Gestalten, des ganzen regen Lebens und bunten Menschengewühls; alles, selbst die Possierlichkeit eines naiven Kindes spricht den

Luſtwandelnden gemüthlich an und beſchäf*tigt ohne allen Zwang deſſen geſelligen Sinn. Je beſuchter und lebenvoller die*ſer die öffentlichen Spatziergänge findet: deſto mehr fühlt er ſich ſelbſt erheitert und zerſtreut.

Nur müßte der Luſtwandler, um ſich nicht ſelbſt auf den beſuchteſten Alleen noch einſam zu fühlen, nicht ganz allein gehn; müßte in Geſellſchaft, die durch angenehme Unterhaltung ſich gegenſeitig leicht beſchäf*tigte, ohne die Eindrücke der ſie umgeben*den Welt zu verlieren, die völlige Frey*heit des Gemüths und den vollen Genuß des Luſtwandelns gewinnen. Unterhal*tung mit andern beſchäftigt den Geiſt durch den Wechſel der Ideen Mehrerer, die ſie führen, und durch das gegenseitige Interesse der Personen dabey weit freyer, als wenn man nur selbst Ideen verfolgt, wobey man nur zu leicht vom Eindruck der Dinge weggleitet und sich nur zu leicht in eine davon unabhängige Ideenreihe verliert.

So wie beym Spatzierengehn im Freyen, selbst wenn man nicht allein geht, der Eindruck der Natur überwiegt: so wird man dagegen bey genauerer Aufmerksamkeit auf seine Gefühle finden, daß während des, selbst einsamen Spatzierengehns auf Alleen um eine Stadt die Idee des geselligen Lebens, schon durch den Eindruck des Lokals in den Empfindungen der Seele vorsticht. Nur wird man beym einsamen Spatzierengehn in den Alleen ei‍ner Stadt weit mehr als in Gesellschaft veranlaßt, der Natur eine ungetheiltere Aufmerksamkeit zu widmen. In solchen Augenblicken entdeckt man Ansichten, die man sonst übersah, macht man Bemer‍kungen über diesen oder jenen Eindruck, der sonst verloren ging.

Faßt man den Charakter des Lustwan‍delns auf öffentlichen Promenaden einer Stadt, der Natur der Sache gemäß, als den Eindruck eines geselligen Lustwan‍delns unter schönen Anlagen von Scenen und Parthien der Natur: so wird man es sich leicht erklären können, daß Frauen‍zimmer diese geselligen Promenaden so sehr lieben. Das weibliche Geschlecht lebt weit lieber, als in der Natur, in der ge‍

selligen Welt. Die Natur nähert sich der Einsamkeit; und die Einsamkeit ist dem zweyten Geschlecht viel zu düster und furchtbar, als daß es sie lange zu ertragen vermöchte. Höchstens in Momenten der Liebe, die ihrer Natur nach die Einsamkeit sucht, findet man Frauenzimmer — am Arm des Geliebten oder eines geliebten Freundes in der Natur. Aber wo die Natur dem weiblichen Geschlecht mit Gesellschaft gepaart erscheint, wie auf öffentlichen Promenaden einer Stadt. — seyen es nun Alleen, die sich um die Stadt ziehn, oder Gärten oder ein nahgelegener Waldgang, wo die gesellige Welt zu lustwandeln pflegt — da ist sie ihm willkommen.

G

Neuntes Kapitel.
Lustgärten.

Gärten von einigem Umfang in der Nähe einer größern Stadt müssen ganz anders beurtheilt werden, als die Gärten einer kleinern Stadt. Letztere, wenn sie sogenannte Lustgärten sind, findet man mehr für den Nutzen, als für das unmittelbare Vergnügen berechnet: Küchengewächse, Weingeländer, Blumenbeete, auf einen engen Raum zusammengedrängt, machen da mit Einschluß einer grünen Hecke, die den Garten umgränzt, die ganze Ausstattung der Natur aus; und sie befriedigen schon einigermaßen den Natursinn. Der größte Vortheil dabey ist, daß der Garten seinem Besitzer sogleich zu Gebot steht, ohne daß er befürchten müßte, in seinem Privatumgange mit der Natur gestört zu werden.

In größern Städten findet man nicht nur Gärten von größerm Umfang; sie machen auch einen ganz andern Eindruck. Schon ihre Geräumigkeit giebt dem Geiste mehr Freyheit und Spielraum: man braucht darin nicht einsam zu seyn, um sich immer noch frey und ungenirt zu fühlen. Was darin noch für den bloßen Nutzen berechnet scheinen könnte, wie Beete mit Küchengewächsen, wie Frucht=

bäume, welche hier und da stehn, bemerkt man da kaum; die Hand der geschäftigen Kunst wird durch die große und freye Natur, welche darin waltet, *) in den Gefühlen der Lustwandler verdrängt. Gärten dieser Art sind Lustgärten im eigentlichsten Sinn.

Ist der in diesem Geschmack angelegte Garten öffentlich und wird er von der geselligen Welt zu bestimmten Zeiten besucht — in welchem Fall es zum guten Ton gehören würde, sich da einzufinden, — so wäre das Vergnügen des Lustwandelns

*) Man darf nur in Erinnerung bringen, daß jetzt in Schriften nur noch von Gärten nach freyern englischen Anlagen die Rede seyn kann.

darin ein gesellschaftlicher Genuß der Natur. Man nähme an der Natur zwar keinen besondern Antheil, aber man erhielte doch von ihr den allgemeinen Eindruck, den der Garten auf die Lustwandelnden machte. Dieser würde aber mehr schauerlich seyn, als in den Alleen der Stadt. Es wäre da, zumahl in heißen Sommertagen, wo ein bewässerter und kühler Garten zum Spatzierengehn sehr willkommen seyn müßte, eine solche Gewohnheit der geselligen Welt für das Vergnügen wahrer Gewinn. Schade, daß es in vielen Städten keinen eigentlichen öffentlichen Garten giebt.

Mehr einsam würde das Vergnügen des Spatzierengehns in einem Privatgarten seyn. Denn wenn es auch andern als den Personen von der Familie des Besitzers erlaubt wäre, darin zu lustwandeln, so würde sich doch nicht die gesellige Welt zu regelmäßigen Spatziergängen dahin ziehn. Behielte sich vollends der Besitzer des Gartens den Genuß desselben ausschließlich vor: so herrschte da in Stunden, wo er keine Gesellschaft bey sich sähe, eine noch tiefere Einsamkeit. Es läßt sich gar wohl denken, wie jemand, der mit Sinn für die Natur begabt ist, in der Nähe der Stadt einen Zufluchtsort zu der ungekünstelten Natur für sich zu besitzen wünscht, wohin er sich aus den Fesseln der großen Welt leicht retten kann. Um so mehr Achtung verdient dessen Humanität, wenn er, mit diesem Sinn für die Natur, das Vergnügen seines Gartens mit der übrigen Welt theilt.

Konzertmuſik in Gärten macht das geſellſchaftliche Luſtwandeln darin mehr angenehm und zerſtreuend, ob ſie gleich als Kunſt dadurch verliert. Allein ſie iſt auch da, wo nicht, wie in einem zweckmäßig gebauten Saal, die vollen Töne das Ohr der Zuhörer erreichen, ſondern in die weite Luft verhallen und die Zuhörer, durch die Eindrücke der Natur und Geſellſchaft zerſtreut, ihr keine ungetheilte Aufmerkſamkeit widmen, nur für die Zerſtreuung und Erhöhung des geſellſchaftlichen Vergnügens, nicht für die Bildung des Kunſtſinns berechnet. Vorzüglich wenn man in einiger Entfernung von den Muſikern lustwandelt, macht die Musik auf den Spatziergängen in Gärten, zumahl wenn es ein Konzert mit Blasinstrumenten ist, einen sehr guten Eindruck.

Und doch hört man Musik in Gärten nur in Gesellschaft der da versammelten geselligen Welt noch gern. Flötenspielern, die man auf einem einsamen Spatziergange im Vorbeygehn bey einem Gartenhause ohne Anstoß hörte, würde man in offenen Gärten noch immer ein Konzert von Spatzen vorziehn. *)

*) Die angenehme Empfindung, mit der man im Freyen — z. B. in südlichen Ländern, wie Italien, am Abhang eines Hügels oder am Meer — einen Flötenspieler hört, hat einen andern Grund. Sie hängt zusammen mit Ideen einer idealischen (idyllischen) Welt, wo der

Ein stark bewohnter Garten in der Nähe der Stadt zeigt dem Lustwandler, wenn auch nur im Anblick der Gartenhäuser, eine Art von ländlicher Welt. Man findet da, mit Ausnahme der Arbeiten, Geräthschaften, des Zuchtviehs, kurz der ganzen Lebensweise des Landmanns, alles Reitzende der Natur vereinigt. Um jedoch die völlige Ueberzeugung hervorzubringen, er befinde sich, geborgen aus den zwangvollen Verhältnissen der Stadt, auf dem Lande, müßte der Städter selbst auf dem Lande wohnen. In dieser Hinsicht hätten die ländlichen Spaziergänge desselben, wo jeder Blick auf die ländlichen Arbeiten, Werkzeuge, kurz auf die ganze

Mensch, bey einem mildern Himmel, unmittelbar in der offenen Natur lebt.

Lebensweise des Landmanns, das Bewußtseyn des ländlichen, von städtischen Verhältnissen unberührten Lebens in ihm un-
terhielte, noch einen eigenen Reitz. Es
ist eigentlich nicht das Landleben für sich
(denn kein Städter würde seinen Stand
mit dem Stande des Landmanns vertau-
schen wollen), sondern der Zusammenhang desselben mit der bloßen Natur und
der in ihm sich darstellende Abstich von
den Verhältnissen der Stadt, was dem
Leben und den Spatziergängen des Städ-
ters auf dem Lande so große Annehmlichkeiten verleiht.

Große Gärten, die eine geräumige
Fläche von Stunden und Meilen einneh-
men, lassen sich nicht bloß als einer Stadt

einverleibte, von einander geschiedene Naturparthien zur Befriedigung des Natur-
sinns in den Gränzen der Stadt und Kunst
betrachten. Man muß sie als verschönerte
Landschaften ansehn. Die Idee eines Gartens bringt es schon mit sich, daß
der Eindruck desselben, bey aller Freyheit
der darin waltenden Natur, auf sein Daseyn — durch und für Menschen führt.
Dieser Eindruck wird durch zweckmäßig an-
gebrachte Gebäude, Statüen, Brücken, Lauben, Nieschen, Hütten, Ruhebänke, Sitze
bewirkt. Aber sie müssen immer in einem
untergeordneten Verhältniß zur Natur bleiben, und diese muß in der größten Mannigfaltigkeit erscheinen, ohne daß dem
Lustwandler sein Vergnügen durch eine
vorgeschriebene Ordnung seiner Prome-

naden, sklavisch zugemessen würde. Alle diese Bedingungen erfüllt der berühmte Garten von Wörlitz.

Zehntes Kapitel.
Spatzieren = Gehn = Reiten = und Fahren.

Reiten und Fahren zum Vergnügen, nicht aus Bedürfniß, gehören in die allgemeine Klasse des Gewinns, den der Geist von der Bewegung des Körpers zieht, und sie machen nur besondere Arten desselben aus. Im Allgemeinen besteht der Unterschied zwischen Spatzierengehn und Spatzierenreiten so wie Spatzierenfahren nur darin, daß die Bewegung des Körpers beym Spatzierengehn durchaus

Selbstbewegung ohne ein erborgtes Hülfs: mittel ist, das Spatzierenreiten und Spa: tzierenfahren dagegen durch ein solches Surrogat die Körperbewegung größten: theils oder gänzlich leidend macht. Aus dieser Verschiedenheit ergiebt sich die ver: schiedene Art, wie sich der Geist bey jeder solchen Bewegung verhält.

Spatzierengehn ist die natürlichste Art des Luftwandelns, weil sie ganz von uns selbst abhängt und uns ganz uns selbst überläßt. Wir befinden uns beym Spatzie: rengehn in völliger Freyheit, mit aller Ruhe des Gemüths die Gegenstände nach Belieben zu betrachten; wir können die Bewegung des Körpers dem Bedürfniß des Geistes ganz gemäß einrichten, und mit unserer Betrachtung, wenn es darauf ankommt, uns eine augenblickliche Umsicht zu verschaffen, durch eine leichte Wendung des Körpers den ganzen Horizont umfassen; wir können, ohne alle Unterbrechung unserer Aufmerksamkeit auf einen beachteten Gegenstand, sofort stillstehn oder gehn, so wie es das Bedürfniß unsers Geistes mit sich bringt.

Beym Spatzierenreiten so wie beym Spatzierenfahren hat der Geist nicht diese ganze volle Freyheit, sich eben so leicht und behend nach allen Richtungen hin von der ihn umgebenden Welt zu unterrichten; es sind Spatzierreitenden so wie Spatzierfahrenden sogar viele Gegenstände der Betrachtung unzugänglich, die dem Spatiergänger das höchste Vergnügen gewähren. Die Aussicht auf einem Berge, der nur erstiegen werden kann, das Lustwandeln auf dessen Rücken, wohin nur Fußgänger gelangen, so wie der volle ruhige Genuß der Aussicht, sind etwas, das sich durch keine Spatzierfahrt, durch keinen Spatzierritt verschaffen läßt.

Dagegen sind dem Spatzierenfahren, so wie dem Spatzierenreiten wieder Vorzüge anderer Art eigen. Zuerst ermüdet man bey dem Spatzierenreiten und Spatzierenfahren nicht so leicht, als wenn man zu Fuße geht. Es verdient deshalb eine Spatzierfahrt oder ein Spatzierritt von mehr als einer Meile vor dem Spatzierengehn offenbar den Vorzug. Ein zweyter Vorzug des Spatzierenreitens und Spatzierenfahrens vor dem Spatzierengehn ist der, daß man über unanmuthige und genußlose Strecken und Gegenden in der möglichst kurzen Zeit ohne alle Unbequemlichkeit nur auf einem Spatzierritt oder einer Spatzierfahrt gelangen kann.

Erwägt man dasjenige, was dem Spatzierreiten, in Absicht auf geistigen Werth, eigen ist: so theilt die rege Bewegung auf einem belebten Thier den Gegenständen, die man erblickt, selbst Bewegung und Leben mit und belebt dadurch den Geist. In der höhern Stellung, worin sich der Reitende auf seinem Roß befindet, überschaut er leichter einen bestimmten Kreis *); auch kann er sich schneller als zu Fuß in die Nähe der Gegenstände versetzen, welche seine Aufmerksamkeit auf sich ziehn. Ueberdieß fühlt man sich zu Pferd — was beym Spatzierenfahren nicht der Fall ist, wo man sich höchstens nur vorwärts frey fühlt — von keinen, wenn auch zum Theil eingebildeten, die freye Bewegung des Körpers nicht beschränkenden, Schranken beengt.

Lustfahrten haben vor dem Spatzierreiten den Vorzug größerer Geselligkeit. Unmöglich können Spatzierreitende so

*) Aus diesem Grunde läßt es sich zwischen hohen wallenden Saaten, die man zu Fuße nicht überschauen kann, mit weit mehr Vergnügen spatzieren reiten, als gehn.

leicht und zwanglos sich unterhalten, als zwey zusammen fahrende Personen, welche ohne alle Unbequemlichkeit dieselbe Chaise faßt. Auch giebt die ganz leidende und leichte Bewegung, die beym Spatzierenfahren Statt findet, anstatt daß das Spatzierenreiten noch immer mit einem Grad von selbstthätigem Kraftaufwand verknüpft ist, dem Geiste mehr Freyheit und Lust, sich mitzutheilen, so wie die noch immer mit Bewegung verknüpfte Ruhe des Körpers zur Folge hat, daß der Geist die Eindrücke der Dinge mit desto größerer Empfänglichkeit aufnimmt.

Nur müßte man, um das Spatzierenfahren nicht zu einer bloß mechanischen Bewegung des Körpers herabzuwürdigen, bey Spazierfahrten nicht allzuweit und nicht anders, als in offenen Chaisen fahren. Nester von ganzen Kutschen sind bloße Werkzeuge des physischen Bedürfnisses, um gegen Staub, Regen und unfreundliche Witterung zu schützen (und da giebt es keine Lustfahrt) und zum Spazierenfahren gegen allen gesunden Geschmack. Schlimmer als die Käfige eingesperrter Thiere, welche ihnen doch die verschloßne Welt noch sehen lassen, bringen solche Kerker eines menschlichen Vergnügens ihre Gefangnen sogar um den Anblick der Welt.

Auch Wägen mit Rücksitzen sind bloße Werkzeuge des Bedürfnisses, erwecken, bey aller Pracht, die Idee von Aermlich-

keit und thun der Freyheit des Vergnü=
gens Abbruch. *) Für den Rücksitzenden
ist die Bewegung sowohl ein physischer als
geistiger Krebsgang. Abgesehn davon,
daß viele Personen eine Bewegung der
Art nicht vertragen können, erstickt eine
solche Lage in den so zusammengeschichteten
Personen jedes freye Gefühl, so wie die
rückwärts Sitzenden, denen die gerade
Aussicht ins Freye ohnehin benommen
wäre, auch den vorwärts Sitzenden die
freye Aussicht rauben.

Zu Wasser sind Spatzierfahrten schon
ihrer Natur nach von jedem solchen

*) Es kann hier nicht von dem interessirten
Vergnügen, wobey man sich gerne vis à
vis sieht, die Rede seyn.

Zwange frey. Die Geselligkeit begünstigen sie in vollem Maaß. Sie sind bey der schwebenden sanften Bewegung, in offenen Fahrzeugen, wo man die Aussicht auf die ganze umliegende Natur hat, ungemein angenehm. Nur muß der Fluß nicht zu breit seyn, (oder man müßte nicht tief vom Ufer hinein auf ihm fahren — wo man aber doch nur von einer Seite die Aussicht auf das nahe Land hätte —) um von beyden Seiten der vollen Aussicht aufs Land zu genießen.

Eilftes Kapitel.

Uebergang zur besondern Betrachtung der Spatziergänge im Freyen.

Jeder gebildete Mensch, der mit regem Sinn für die Natur, den Beytrag nicht verkennt, den sie zur allseitigen Ausbildung seiner ganzen Menschheit leistet, muß unter ihren veredelnden Einflüssen leben. Es ist nicht genug, daß man in Beschreibungen von der Natur vieles lese, um ihr Einfluß auf sich zu verschaffen: Beschreibungen geben nicht die Sache selbst, und Kenntniß der Natur aus Büchern ist nur eine todte Kenntniß, wie die bloße Kennt-

niß derselben aus dem Naturalienkabinet.
Zeichnungen und Beschreibungen fremder
Naturprodukte, die man in Natur nicht
zu sehen bekommen kann, haben ihren
nicht zu verkennenden Werth: aber wer
wollte alle Gegenstände der Natur bloß
aus Abbildungen und Beschreibungen kennen lernen? Wer wollte die ganze Natur,
die vorzüglich durch den Gesammteindruck
ihrer Erscheinungen auf das Gemüth so
mächtig und bezaubernd wirkt, in isolirten
todten Naturprodukten, wie sie die Naturgeschichte liefert, sich kärglich zueinzeln
lassen? Selbst Landschaftgemählde wirken
in der Kunst ganz anders, als ihre Gegenstände in der Natur. *)

*) Es ist ein großer Fehler, daß man Kin-
der Naturgeschichte nicht in und aus der

Unter den Einflüssen der Natur leben, heißt aber nicht gerade auf dem Lande wohnen. Der Landmann lebt in der Natur, wandelt stets unter ihren Erscheinungen, und empfindet doch am wenigsten für sie. Stumpft auch dessen Lebensart seine Gefühle ab: so würde doch auch jeder, der stets auf dem Lande lebte, ohne daß er deshalb das Gewerbe des Oekonomen triebe, endlich unempfindlich für die Natur werden. Gewohnheit benimmt jeder Sache ihren Reitz. Nur wer abwechselnd auf dem Lande und in der Stadt lebt, erhält sich den Sinn für die Natur,

Natur selbst lernen läßt. Man darf sich gar nicht wundern, daß verdorbene Zöglinge der Naturgeschichte kein Interesse an der Natur nehmen.

ohne ihre Eindrücke zu schwächen; und bleibt im Zusammenhange mit der gebildeten Welt, in deren Verhältnissen nur, selbst ein so reges Bedürfniß für die Natur erwacht.

Wie man immer sich fortbilden, mit fortlesen muß, um in dem Zusammenhange der Kultur und Literatur zu bleiben: so muß der Freund der Natur immer mit ihr fortleben, um sich nicht von ihr zu entfremden. Die Natur ist nicht allein so mannigfaltig und wandelbar, daß sie überall anders erscheint, und auf demselben Schauplatz ihre Erscheinungen wechselt: der menschliche Geist bedarf auch, um ein waches Interesse für die Natur sich zu erhalten, der steten Belebung seines Sinnes für die Natur. Der Sinn für die Natur will durch Umgang mit ihr wie die Freundschaft stets in Uebung erhalten seyn, ohne welche das Gefühl für Freundschaft so wie für die Natur, auch in der gefühlvollsten Brust, endlich ganz erlischt. Sie, die Natur, gleicht einem Schauspiel, das aus mehrern Acten, und jeder Act aus noch mehrern Scenen besteht. Hätte wohl ein Zuschauer das Ganze gefaßt, der nur bey einzelnen Scenen gegenwärtig wäre, und in diesen wohl gar, unaufmerksam, die Zeit verplauderte? Selbst derjenige, der, um der Natur näher zu seyn, in der schönen Jahreszeit auf dem Lande wohnte, hätte sich durch seinen ländlichen Aufenthalt nur Gelegenheit verschafft, nähern Umgang mit der

Natur zu pflegen. Bey der bloßen Gelegenheit müßte er es aber nicht bleiben lassen, um von sich sagen zu können, er lebe unter den Einflüssen der Natur.

Oeftere Spatziergänge im Freyen erhalten den Sinn für die Natur und geben ihr auf das Gemüth wohlthätigen Einfluß. Jeder nicht unedle Mensch fühlt sich im Freyen reiner und menschlicher gestimmt. Alles Gute seiner Natur entfaltet sich da. Empfindungen, die jemand in Verhältnissen der Stadt und Gesellschaft aus Wohlstand in seinem Innern verschloß oder deren er sich daselbst nicht bewußt war, erwachen und überraschen ihn mit aller ihrer Wahrheit und ursprünglichen Lauterkeit in der Natur. Wohlwollen,

Herzlichkeit, Offenheit nehmen im Freyen die erweiterte Brust ein; die Menschheit, die hier nicht auf den großen Schauplätzen des Neids, der Verfolgung, der Selbstsucht auftritt, erscheint im Spiegel der Natur in einem reinern Lichte. Ein unentarteter Mensch wird sich wie beklommen fühlen, wenn er einige Zeit nicht ins Freye kam.

Zweytens unterhalten öftere Spatziergänge im Freyen die Bekanntschaft mit der Natur. Wie so gar nicht sind viele Städter mit der Natur bekannt! — Sie wissen nie, wann die Bäume blühn, sehen nie die aufgehende Saat, nie die gereifte Frucht, bevor sie selbige auf die Märkte eingebracht sehn, ahnden nichts von der

Aerndtezeit des Jahrs. Unempfunden gehen ihnen die lieblichsten Erscheinungen der Natur vorüber und das erfreuliche Fortschreiten ihres großen Schauspiels von einer Scene zur andern haben sie nie mit eigenen Augen bemerkt. Wie vieler edeln Freuden sie dadurch verlustig gehn, bedarf keines weitern Fingerzeigs. Nur dem Freunde der Natur, der mit ihr fortlebt und unter seinen Augen sie sich in tausendfältige Gestalten bilden und umwandeln sieht, werden ihre Freuden zu Theil.

Endlich hat jede Gegend, jede Parthie, jede Ansicht der Natur ihren besondern Charakter, der sich durch gewisse eigene Gefühle, die sie in uns erregen, zu erkennen giebt. Naturscenen können an sich hohes Interesse haben, und doch der Stimmung, in der man sich befindet, nicht zusagen. Wollte man solche bloß nach seiner zufälligen Stimmung beurtheilen, wollte man ohne unbefangene Reflexion über den Naturcharakter jeder besondern Parthie, sich in jeder Stimmung einer jeden nähern oder auch nach einem einseitigen Geschmack Scenen von erhabenem oder heiterm oder schauerlichem Charakter ganz fliehn: so würde das Urtheil über sie sehr tr ü glich ausfallen, man würde in seinen ländlichen Wanderungen aus Mangel an Kenntniß seiner Selbst und der Natur, nicht mit möglichster Zweckmäßigkeit verfahren, würde seinem Geschmack eine sehr einseitige Richtung geben.

Zwölftes Kapitel.
Berge.

Keine der kleinsten Zierden einer Gegend, worin sie Statt finden, sind Berg und Thal. Die Natur hat da nicht die ermüdende Einförmigkeit, wodurch eine große Strecke platten Landes in Schlummer wiegt. Vielmehr wird der Geist durch die Abwechslung von Berg und Thal gespannt und erquickt und also durch den verschiednen Eindruck beyder geweckt und belebt.

Berge — diese Auswürflinge über die gerade Oberfläche der Erde — sind an sich keine Zierde des Orts, wo sie stehn. Gleich den Maulwurfshaufen auf einer Wiese, geben sie der Erde, wie die Pocken dem menschlichen Gesicht, eigentlich eine widrige Gestalt. Von einem Luftschiffe herab durch ein Fernrohr betrachtet, machten sie unfehlbar diesen widrigen Eindruck. Auch verhindern oder erschweren sie die Communication. Allein was sie im Urtheil des Verstandes verlieren: das gewinnen sie im ästhetischen Urtheil. Ihre erhabenere Lage setzt die Einbildungskraft in ungewöhnliche Thätigkeit und macht die Natur durch Mannigfaltigkeit und Stärke der Eindrücke anziehend.

J

Wiefern wir nämlich nach dem Plan der Natur die Oberfläche der Erde bewohnen, nicht gleich den Vögeln in den Lüften leben, können wir uns die Unförmlichkeit, welche Berge der Erde geben, nur denken; aber wir empfinden sie nicht. Die Berge erscheinen uns nur nach unserer Lage, in der wir uns gegen sie befinden, und daher bestimmt nur dieser sinnliche Natureindruck unser Urtheil über sie.

So wie Berge die Gemeinschaft zwischen ihnen gelegener Oerter erschweren: so versetzen sie oft die entferntesten Gegenden in der Einbildungskraft desjenigen, der auf ihrem Gipfel eine Menge Dörfer und Städte überschaut, in eine täuschende, ideale Gemeinschaft. Auch dadurch wirken sie vermittelst der Phantasie ästhetisch vortheilhaft. Sie verknüpfen, wie z. B. der Aetna, durch anschauliche Wahrheit und unmittelbaren sinnlichen Eindruck in der Einbildungskraft ganze Gegenden und Länder, die ungeheure Zwischenräume trennen; wodurch sie die Einbildungskraft ins Unendliche erweitern.

Ersteigt man im Spazierengehn einen Berg, um auf seiner Scheitel einer hohen Aussicht zu genießen: so tritt die unter ihm liegende Landschaft immer mehr hervor, so wie man von dessen Fuß höher aufsteigt. Wer in einem fortstiege, ohne sich umzusehen, der verlöre diese sich stets verwandelnde Aussicht. Er strebte bloß nach einem zu erreichenden Ziel, und bedächte nicht, daß er schon auf dem Wege dahin sich mannigfaltigen Genuß bereiten könnte. Wirklich müßte da ein eigentlicher Spaziergang, der wo möglich in kein anstrengendes Geschäft, in keine bloß körperliche Bewegung ausarten darf, zu solchen Ruhepunkten einladen, die selbst das Ersteigen eines Bergs durch das gemächliche Gehn und durch die Unterhaltung des Geistes dabey zu einem wirklichen Lustwandeln erheben würden. Der Anblick einer sich immer mehr ausbreitenden Landschaft ist ein ganz eigener Geistesgenuß.

Spatziergänge auf einem Berge, oder auf einer Bergkette, die solche ohne Beschwerlichkeit gestatten und eine weite Aussicht eröffnen, erheben den Geist ungemein.

Wie sollte dieß auch nicht das stolze Bewußtseyn, in den höhern Regionen der Erde, im Angesicht des Himmels zu wandeln, und noch mehr der Blick in eine ganze, unter ihnen ausgebreitete Welt? Wie sollte sich nicht die trägste Einbildungskraft durch eine Mannigfaltigkeit von Gegenständen und Ansichten ergriffen fühlen, welche kein anderer Spaziergang darbeut? Beym Lustwandeln, wo man nicht lange über demselben Anblick verweilt, erhält man eine stets veränderte Ansicht, erhält von diesen Gegenständen den leichten Genuß, der das zum Spazierengehn nöthige Spiel der Gemuthskräfte nicht aufhebt, anstatt daß ein stillstehender Betrachter sich leicht in hohen Ernst, in erhitzende Phantasien, und in ein, über den Ein-

druck der Dinge hinausgehendes Nachdenken versenkt.

Auf gleiche Weise wie das Ersteigen eines Bergs, zeigt das Herabsteigen von einem Berge die Landschaft in einer eigenen, immer veränderten Gestalt. Der einzige Unterschied dabey ist, daß beym Herabsteigen die vorher, auf dem Berge, ganz ausgebreitet daliegende Landschaft in dem Maaße sich den Blicken entzieht, als sie beym Ersteigen des Bergs sich denselben entfaltete. Nur überrascht der Eindruck der hervortretenden Landschaft beym Ersteigen eines Bergs mehr, als die Empfindung von ihrem allmähligen Verschwinden während des Herabsteigens, wo man von einem umfassendern Anblick zu einem beſchränktern übergeht und die Gegenſtände durch den erſtern Eindruck des Aufſteigens ſchon kennt, überraſchen kann. Wollte man ſich auch hier die Neuheit des Eindrucks ſichern: ſo müßte man auf einer andern Seite vom Berge herabſteigen als der, worauf man zu ihm emporſtieg. Indeß hat auch noch das Herabſteigen von derſelben Seite als man emporſtieg, ſeinen Reitz, um die Wirkung an ſich zu erproben, die derſelbe Weg, nur in umgekehrter Richtung, auf den Geiſt hervorbringt.

Befindet man ſich von einem ſolchen Bergluſtgange wieder am Fuß des erſtiegenen Berges, und betrachtet dieſelben ihn umgebenden Gegenſtände, die auf deſſen

Gipfel in ganz verjüngtem Maaßstabe erschienen: so wird man erstaunen, wie sich da alles so sehr ausbreitet und erhebt, was vorher ganz zusammenzufließen und sich der Erde zu nähern schien.

Dreyzehntes Kapitel.
Thäler.

Thäler machen auf diejenigen, welche in ihnen lustwandeln, einen den sie begränzenden Bergen gerade entgegengesetzten Eindruck. Wenn Berge die darauf gerichtete Vorstellkraft aufrufen und von dem Boden entfesseln, der den Körper trägt: so fühlt man sich dagegen, wenn man sich beym Lustwandeln in einem schönen Thal dessen Eindruck überläßt, im Kreise seines Daseyns festgehalten und an die umgebenden Gegenstände mit ruhigem Wohlgefallen dahingegeben. Zwar giebt es auch Thäler von melancholischem, schauerlichem Eindruck: aber das sind gerade diejenigen, welche die sie umgebenden Gebirge nicht bloß begränzen, ohne sich selbst in die Vorstellungen und Gefühle des darin Lustwandelnden gewaltsam einzudrängen; die vielmehr, in einer engen Nähe von beyden Seiten hoch und schroff überhangend, dem Gemüthe die Freyheit nicht lassen, seine Aufmerksamkeit bloß den im Thal befindlichen Gegenständen zu widmen. Solche Thäler sind nur Thäler einer besondern Art. Man kann sie mit den hohen Gebirgen vergleichen, die sie bilden: der Eindruck beyder ist zu feyerlich und groß, als daß man solche zum Schauplatz seiner gewöhnlichen Spatziergänge machen möchte; aber bisweilen wird man sich ihnen gern nähern, weil man sich bisweilen sehr zweckmäßig mit großen, schauerlichen Eindrücken der Natur erfüllt.

Nicht jede Niederung, jede Ebene am Fuß eines Berges ist ein Thal. Ein einsam dastehender Berg, und wenn er sich gleich dem Aetna, bis hoch über die Wolken erstreckte, macht die unter ihm liegende Landschaft nicht dazu. Auch macht eine solche Ebene nicht den von einem Thal empfangenen Eindruck. Dieser besteht nicht in mächtig erregter Aufmerksamkeit auf einen einzelnen frappirenden Gegenstand. Im Gegentheil giebt der Eindruck eines anmuthigen Thales das

Gefühl ruhiger Geborgenheit von der übrigen Welt, in einem von der Natur selbst bereiteten und gleichsam durch natürliche Wälle verwahrten Zufluchtsort.

Die auf beyden Seiten eines Thales fortlaufenden Gebirge, die es begränzen, machen den Eindruck desselben gefälliger, wenn sie, wie die meisten Thäler, nicht in gerader Richtung fortgehn; sie krümmen, verengen, erweitern sich auf mannigfaltige Art. Die Natur selbst hat dadurch aufs Beste für Mannigfaltigkeit und Vergnügen gesorgt. Nur müßten die Berge, welche ein mäßig großes Thal umschließen, nicht zu hoch, und das Thal müßte nicht zu enge seyn, um einen sanften erquickenden Eindruck zu machen, wie man ihn für seine gewöhnlichen Spaziergänge wünscht.

Auch in einem weit ausgebreiteten Thale bewirken hohe Berge — und diesem sind sie ganz angemessen — den Eindruck des Erhabenen, des Großen, des Weiten, worin man sich selbst verliert. *) Man kann sich in einem so großen Thale, das eher für den gewöhnlichen Aufenthalt eines höhern Genius gemacht scheinen könnte, nicht so einheimisch, so gemüthlich fühlen, als in einem Thale von mäßigem Umfang. Hier dünkt man sich gleichsam in seiner Heimath; und dieses einheimische Gefühl giebt dem Gemüthe alle

*) Von dieser Art ist die Gegend um Dresden mit ihrer großen Natur.

Freyheit, den Reichthum von Gegenständen der Natur, womit es ausgestattet ist, mit ruhigem und heiterm Sinne in sich aufzunehmen.

In einem zu engen Thale schweifen zwar die Blicke nicht, wie in einem zu weit ausgedehnten Thale ins Grenzenlose hinaus! sie werden in einem bestimmten Kreise festgehalten; aber man fühlt sich dagegen zu sehr eingeengt. Kommen dazu noch hohe, schroffe Felsen, welche dasselbe umschließen: so verleiden sie das angenehme Lustwandeln, wobey man sich erheitern und zerstreuen will, noch weit mehr. Aber sie gewinnen für seltnere Stunden, wo wir dieser Eindrücke fähig sind, durch ehrfurchtsvolle Schauerlichkeit.

Vorzüglich angenehm und erfreulich ist der Eindruck eines Thals, wo sich auf der einen Seite die Berggegend, die es da einschließt, nicht auf einmahl erhebt, sondern allmählig sanft aufsteigt. *) Diese sanfte Erhöhung öffnet es gleichsam der übrigen Welt, wovon sonst ein Thal abgesondert scheint, und mildert den Eindruck des Berges, der es von dieser Seite begränzt, während die Bergkette, die sich auf der entgegengesetzten Seite hinzieht, einen stärkern Eindruck hervorbringt.

Ein Fluß, der durch ein Thal strömt, giebt ihm viel Reitz. Ist dessen Lauf

*) Dieß ist mit der Gegend von Naumburg an der Saale der Fall.

nicht allzuträg, so wirkt er sehr angenehm
auf unser Gefühl, dem keine todte Ruhe
zusagt. Diese Wirkung empfände man
aber nur, wenn man in der Nähe desselben lustwandelt. Beym Lustwandeln an
größern Flüssen würde sie jedoch durch die
große Wassermasse verlieren, die sich da
der Seele unwillkührlich aufdrängt und dadurch die Freyheit des Gemüths beschränkt. Von einer benachbarten Anhöhe
herab gesehn, verschönert das Silber seiner Gewässer, das dem Beschauer aus
dem Flußbett entgegenblitzt, und gegen
das Grün des Thals so angenehm absticht,
ein Thal ungemein. Zur Erhöhung dieses Reitzes trägt das Schlängeln der Flüsse
und der ungerade Lauf der Berge selbst,
worin sie fortströmen, noch vieles bey.

Man braucht gerade kein großer Kenner der Natur zu seyn, um in einem anmuthigen Thäle zu lustwandeln, ohne Mangel an Unterhaltung zu empfinden. Man braucht dieß eben so wenig zu seyn, als man es zu seyn braucht, um den Eindruck einer Gebirgsgegend zu empfinden; ich sage zu empfinden, nicht, sich ihn auch zu entwickeln! Einer solchen Unterhaltung mit der Natur fähig zu seyn, braucht man noch nicht ihre versteckten Schönheiten enträthseln zu können, die nur der geübte Denker entdeckt. Der Reichthum und die Verschiedenheit von Gegenständen, die sich da dem Blick des Freundes der Natur von selbst darbieten, liefern hinlänglichen Stoff zur Beschäftigung der Sinne, der Einbildungskraft

K

und des Herzens; diese bringen sie nicht allein ins Spiel; ihr sanfter und gemüthlicher Eindruck, der die Seele zu keiner starken Kraftäußerung auffordert und nicht aus der freyen Gemüthsstimmung herausreißt, worin sie an den Naturgegenständen nur so viel Antheil nimmt, als sie ihnen freywillig widmet, erhält sie auch in diesem ergötzenden Spiel.

Höchst angenehm ist das Lustwandeln, in einer Gegend, die solche Spatziergänge gestattet, von Thal zu Berg und von Berg zu Thal. Die Mannigfaltigkeit und Abwechslung der Eindrücke, und mithin das Vergnügen des Spatzierganges selbst gewinnt dadurch. Solche Spatziergänge sind aber nicht ohne Unbequemlichkeit möglich, wo es zu hohe und schroffe Berge giebt. Selbst ein Thal, das von einem Flusse durchschnitten wird, läßt sich nicht beliebig nach allen Richtungen durchwandeln.

Schöne Thäler theilten den Ruhm des Alterthums und der neuern Zeit. Wer erinnert sich nicht des Thessalischen Tempe und der berühmten Thäler Italiens? Das Campanerthal hat sich sogar literarisch merkwürdig gemacht.

Vierzehntes Kapitel.
Feld, Wiese und Wald.

Fast keinen Schritt kann man auf Spaziergängen im Freyen thun, wo man sich nicht von Feld, Wiese oder Wald umgeben sähe. Auch in Gegenden, welchen es an Berg und Thal fehlt, findet man sie noch, wenn auch nicht überall zugleich, und sie theilen Berg und Thal ihren eigenen Charakter mit. Bald befindet man sich in ihrer Mitte, bald sieht man eine dieser Naturparthien nur aus der Fern.

In beyden Fällen machen sie einen andern Eindruck.

Felder interessiren auf mehr als eine Art. Sie interessiren zuförderst durch unmittelbar vortheilhaften Eindruck ihrer Gegenstände. Dieß ist vorzüglich im Frühling und Herbst der Fall, wo man mit Wohlgefallen beym Anblick der grünen, sie bedeckenden Saaten verweilt. In beyden Fällen ist der Anblick neu und gefällt also um so mehr. Saatfelder tragen im Frühling das erste Grün, und sie erzeugen wieder frisches Grün, wann die übrige Vegetation schon längst ihre lebhafte grüne Farbe verlor.

Wiesen und Saatfelder unterstützen sich in Absicht des möglichst vortheilhaften Eindrucks auf das Gemüth des Lustwandlers zur Zeit des Frühlings und Herbsts nicht genug. Im Frühling stechen sie nicht genug von einander ab und gewähren also einen zu einförmigen Anblick; indeß die Wiesen im Herbst, wo die Felder wieder frisches Grün zeigen, ihre Rolle auf dem Schauplatz der Natur schon ausgespielt haben. *) Zur Sommerzeit, wann das gelbliche Getreide reift, bieten sich Wiese und Feld, wo sie sich unmittelbar berühren, freundschaftlichere Hand.

Ohne Hinsicht auf Wiese und Wald, die es umgeben, kann das Feld schon selbst eine gewisse Mannigfaltigkeit der

*) Es kann hier nur vom deutschen Klima die Rede seyn.

Eindrücke gewähren. Dieß ist der Fall, wo gereiftes Wintergetreide zwischen grünem Sommergetreide, Küchengewächsen u. a. steht. Auch frisch gepflügtes braunes Feld zwischen grünenden Saaten gewährt, zumahl in einiger Entfernung, und noch mehr auf einer Anhöhe, wenn man es aus der Tiefe sieht, einen gefälligern Anblick, als bloßes einförmiges Grün. Je mannigfaltiger sich die Gegenstände, womit das Feld bebaut ist, in ihrem Anblick zeigen, ohne daß sie doch durch zu grell abstechende Farben widrig würden, mit desto größerm Wohlgefallen lustwandelt es sich in einer bebauten Flur.

Da wo sich Feld und Wald in einer Flur berühren, ohne daß die Flur rings von Wald eingeschloffen wäre, wie es in Waldgegenden der Fall ist, wirken die Eindrücke beider ganz eigen auf das Gemüth. Auf der einen Seite erfüllt die offene Landschaft daffelbe mit lachenden Ideen, während auf der andern, gleichsam im Hintergrunde, sich im Anblick des Waldes eine ernstere und verschloßnere Natur ankündigt. Beyde Eindrücke vermischen sich, doch so, daß der hellere Ton der offnen Landschaft, worin man lustwandelt, vor dem tiefern des entferntern Waldes in den Empfindungen der Seele vorsticht. In einer Waldgegend findet der umgekehrte Fall Statt; daher auch das Gemüth derer, die da leben, durch den Ton der sie umgebenden Natur sich zur Melancholie stimmt,

Auf einer Wiese, die an einen Wald gränzt, wandelt es sich wie auf einem grünen Teppich, der den Göttern des Waldes, als sey er der Vorgrund ihrer Haine, ausgebreitet zu seyn scheint. Es wandelt sich auf dem weichen Boden der Wiesen mit aller Behaglichkeit, während das Grün derselben den Augen wohlthut. In der Ebene lassen sich auf einer Wiese, wo man lustwandelt, leichte Ideenspiele verfolgen oder man kann gesellschaftlicher Gespräche pflegen, ohne die Eindrücke der Natur zu verlieren *), da sie hier allein

*) Gesellschaftliches Gespräch auf Spazier=
gängen im Freyen verdient vor dem Lesen
in einem Buche bey weitem den Vorzug.
Wenn man gehend liest, verliert man
nicht nur die Natureindrücke; man macht
das Lustwandeln auch zu einem Geschäft,

nicht genug Stoff zur Unterhaltung dar-
bietet.

Gleichen Eindruck einer romantischen
Natur macht eine Wiese im Walde oder
an einem Berge, dessen Gipfel ein sie
umgebender Wald krönt. Nur macht
eine solche, am Abhang eines Berges ge-
legene Wiese, aus der Fern, einen lachen-
dern Eindruck, als wenn man unmittelbar darauf lustwandelt. Zwischen gepflüg-
tem Felde scheint eine um einen Berg lau-
fende Wiese ihn wie mit einem Gürtel zu
umfassen. Einzelne Flecken grünen Feldes
oder einer Wiese am Abhang eines Berges

und, durch die doppelte, körperliche und
geistige Bewegung, zu einem peinlichen
Geschäft.

glichen in der Fern den Feldern eines Schachbrets.

Selbst gewisse Wälder machen einen romantischen Eindruck. In der Idee eines romantischen Waldes liegen die Keime des Begriffes Hain. Die Idee eines Hains entstand bey den Alten nicht zufällig; sie ging aus wirklichen Natureindrükken hervor. Nichts als kleine Büsche, nichts als kurzes Gesträuch, Weiden u. s. f. erregen keineswegs die Idee eines Hains; wohl aber erregt sie ein ehrwürdiger Eichenwald mit andern schauerlichen, schlanken und dichtbelaubten Bäumen untermischt, welcher die Idee eines heiligen Dunkels, einer heeren Feyerlichkeit, einer tiefen Einsamkeit erweckt. Trifft man da beym Lustwandeln, überrascht, noch auf ein bedeutungsvolles Kunstwerk, eine Statüe eines höhern Wesens: so ist der Eindruck des Hains, als geweihten Aufenthalts höherer Wesen in der Phantasie vollendet.

Zum Waldlustwandeln überhaupt — auch wenn man sich nicht in die höhere idealische Stimmung eines Hains zu versetzen wünscht — eignet sich am besten ein hoher, dichtbeschatteter Eichenwald. Er gewährt die angenehme Kühlung, ohne die in heißen Sommertagen ein Spaziergang aufhört, wirkliches Lustwandeln zu seyn. Durch seine hohen Eichbäume mit ihren Wipfeln und Aesten und andere schlanke, sehr verschiedenblättrige Zwischenbäume, welche unter den Eichen stehn, gewinnt er — was die unbedeckte, von mächtigen Sonnenstahlen weißgefärbte Landschaft entbehrt — die mannigfaltigsten Gruppirungen von Schatten und Licht.

Keinen von beyden Vortheilen gewährt das Spatzierengehn am Abhange eines, mit kleinem Gehölz bewachsnen Bergs. Die einzelnen größern Bäume ohne weitverbreitete Aeste, die darin stehn, sind weit entfernt, ein einziges dichtes Gewölbe über dem Haupte des Lustwandelnden zu bilden, der überdieß nur mühsam sich durch das Gehölz windet. Spatziergänge darin haben aber doch auch ihren eigenen Reiz. Ungeachtet des beschwerlichen Gehns auf dem ungeraden und verwachsnen Boden, gewähren solche Gehölze an kühlern und trübern Tagen, wo das Lustwandeln in einem dichten Eichenwalde zu melancholisch seyn würde, oder Abends und Morgens, ein eignes Vergnügen, durch die reitzende Kleinheit der umgebenden Gegenstände und durch die weite lichte Aussicht in die offene Landschaft.

Ein bloßer Tannenwald ist zum Lustwandeln, wenn seine Lage ihn nicht unbequem macht, bequem und nicht ohne allen Reitz. Man braucht sich nicht erst mühsam durch einen solchen hindurchzuarbeiten, und man hört das angenehme Rauschen in den Gipfeln der Tannen bey nur einigem Winde gar nicht ungern. Aber bey allem gemächlichen Gehen darin ist man doch nicht genug gegen die Sonne geschützt, und ein Tannenwald macht auf die Länge einen zu unfreundlichen, düstern Eindruck. Dagegen erweckt ein Tannenwald, wenn er sich dem Lustwandler von fern, im Hintergrunde, auf einem Gebirge zeigt, die angenehme, obgleich mehr idealische Vorstellung eines heiligen Hains.

Um alles mögliche Vergnügen von Spatziergängen im Walde, so wie auf Wiese und Flur zu ziehn: bedarf man Kenntniß der Botanik. Nur muß man die Botanik nicht als bestimmtes Geschäft, als obliegendes Gewerb treiben. Botanische Spatziergänge müssen Lustwanderungen im eigentlichsten Sinne wie die Rousseauschen seyn. Auf Spatziergängen muß man nicht darauf ausgehn, diese oder jene bestimmten Pflanzen und Kräuter zu finden und einzig mit dem Gedanken daran beschäftigt seyn: dieß stände im Widerspruch mit der freyen Geistesbeschäftigung eines Spaziergangs. Man hätte dann für nichts anders in der umgebenden Natur Sinn. Aber abgesehn davon: welche Quellen von Unterhaltung und Vergnügen eröffnet eine nähere Kenntniß der am Boden, wo man lustwandelt, zu Tausenden stehenden Produkte der Natur. Der Nichtkenner derselben entbehrt eine ganze unbekannte Welt von Genuß.

Jetzt noch einiges über den allgemeinen Eindruck von Feld, Wiese und Wald. Das Feld erweckt durch seinen Anblick die

Idee des menschlichen Kunstfleißes und der darauf gegründeten Hoffnungen in einer nähern oder entferntern Zukunft. Beym Anblick einer Wiese erhält man durch ihre sanfte Einförmigkeit das Gefühl ruhiger Gleichmuth und stiller Zufriedenheit. Der Wald scheint uns in seine heiligen Schatten aufzunehmen, um ohne alle Störung unserer selbst und der Natur zu seyn.

Funfzehntes Kapitel.

Phänomene *) der Natur.

Tages= und Jahreszeiten.

Mit den stehenden Produkten der Natur kann sich der Naturfreund nicht be=

---

*) Phänomene werden hier nicht im Sinn der reinen Philosophie für Gegenstände der Erfahrung, der menschlichen Erkenntniß überhaupt; sondern im Sinn der Physiker genommen, wo sie den festen und stehenden Naturprodukten als bloßen Massen entgegenstehn.

gnügen; ginge seine Kenntniß und sein Interesse an der Natur nicht über dieselben hinaus: so wäre er dieses Namens nicht werth. Die stehenden Naturprodukte sind, wie die Bäume im Winter, nur die Pfeiler, nur das Knochengebäude der Natur; kämen ihre wechselnden Erscheinungen nicht hinzu, um ihnen Reitz und Leben zu ertheilen; so würde sie nur eine todte Mumie seyn. Freylich: das Individuelle dieser Phänomene der Natur läßt sich durch keine Schilderung unmittelbar mittheilen; es läßt sich nur durch einzelne aus jeder Sphäre der Naturerscheinungen herausgegriffene Beyspiele und Entwickelungen einzelner Eindrücke darauf aufmerksam machen, um die eigene Reflexion im Kreise der Natur zu leiten.

Im Allgemeinen giebt es Naturphä=
nomene einer doppelten Art. Entweder
solche, die täglich, oder solche, die jähr=
lich, in gewissen Perioden des Jahrs,
wiederkehren. Die erstern sind die Zier=
den und geistigen Lebensquellen des Tages;
die leztern verschönern die Jahreszeiten
und mahlen das große periodische Fort=
schreiten der Natur.

Die Phänomene des Tags beschreiben
den großen Lichtraum und Lebenskreis der
Natur. Aufgang und Untergang der
Sonne sind die hervorstechendsten Punkte
des doppelten Wendekreises, der Katastro=
phen des Tags. Morgen und Abend ver=
setzen die Natur aus Dunkel, todter Ruhe
und Einsamkeit in hellen Tag, reges Le=

ben, allgemeine Thätigkeit und führen sie darein zurück. Bisweilen scheint der Mond, wann er bald nach Sonnen-Untergang aufgeht, die kaum entschlummerte Welt zu einem Nachspiel des Lichts und Lebens einzuladen.

Unstreitig ist es eines der edelsten Vergnügen, die mannigfaltigen Scenen der Natur zu bemerken, wodurch sie aus einem ihrer Zustände in den andern übergeht oder wodurch man sie aus dem einen in den andern schon übergegangen findet. Welche Verschiedenheit findet an demselben Orte den Tag über nur in Absicht des Lichts und Schattens Statt. Gegenden, die man des Morgens noch völlig unbeleuchtet findet, sieht man Nachmittags im vollen

Glanz der Sonne, und diejenigen, die das Tages- und Sonnenlicht schon früh erhellte, haben doch nie dieselbe Beleuchtung zu jeder Zeit des Tags. Die langen Schatten, welche Berge und Bäume früh und Abends werfen, sind des Mittags, an hohen Sommertagen, fast verschwunden. Welche mannigfaltige Beleuchtungen, welchen Wechsel ihres schnellern oder trägern Gangs, welche Verschiedenheit ihrer Gestalt und Dichtheit, vom leichten, lichten, wolligten Wölkchen, das an dem Himmel wie hingeblasen schwimmt, bis zu den feurigen schweren Gewitterwolken mit dunkelblauem und grauem Grunde enthüllen nicht die Wolken. Und welche eigne Reize hat, durch einen über die Natur verbreiteten, magischen Duft und durch ein heiliges Dunkel, so mancher trüber Tag. —

Nur der Freund der Natur, der auf seinen Spatziergängen zu den verschiedenen Zeiten des Tags die Natur unter jeder Gestalt kennen lernte, erwarb sich eine vertraute Bekanntschaft mit ihrem täglichen Schauspiel. Er kennt aus eigenem Anschaun, und beobachtete auf seinen frühen Spatziergängen nicht bloß in einer und derselben Gegend ihr allmähliges Erwachen, unter dem Konzert der Vögel, im perlenden Thau. Ihm blieb das Vergnügen nicht unempfunden, zur Zeit der Dämmerung des Abends im Freyen spatzieren zu gehn, dem erst da recht hörbar werdenden Geräusch der lebenden Welt auf Wegen und Straßen, so wie dem fernen Läuten der Abendglocken zu horchen. Selbst Spatziergänge in lauen Nächten, nach Untergang der Sonne, wie z. B. auf einem nahgelegenen Berge haben ihm die Natur in eigenen Situationen gezeigt: wie namentlich der erst nach völlig umnachteten Himmel aufgehende Mond mit einmahl die oberen Regionen der Luft erhellt, während selbst die Berge noch in Dunkel eingehüllt liegen; wie nach und nach die höhern Punkte der Erde sich in einem Dämmerlicht, im Abstich mit den niedrigern, völlig dunklen Gegenden zeigen, und wie auch diese endlich sich mit jenen in Harmonie setzen.

Allerdings bringt auch die verschiedene Jahreszeit eine Verschiedenheit in den Tag,

Ein Frühlingstag ist ein anderer als ein Herbsttag, und ein Sommertag ein anderer als beyde, so wie kein Tag in den vier Jahreszeiten dem andern ganz ähnlich; aber sie bleiben sich doch in Absicht ihrer allgemeinen Erscheinungen gleich.

Ohne Zweifel verdient der Frühling unter den periodischen Naturphänomenen den ersten Rang. Zwar hat jede Jahreszeit ihre eigenen Reitze, und der Frühling verdankt unstreitig zum Theil seinen allgefälligen Eindruck dem Reitze der Neuheit. Aber wer getraute sich dessen ganze Annehmlichkeit auf den Reitz der Neuheit zurückzuführen? Der Lerche erstes Wirbeln in den rauhen Tagen des Hornung, das Erblicken der ersten Frühlingsblumen, die in

Gehölzen oft schon unter dem Schnee hervorbrechen, das Anwehn eines milden Zephirs bey noch nicht erwachter und belebter Natur erfreun noch mehr in der Hoffnung des ankommenden Frühlings, als durch ihren unmittelbaren Eindruck. Selbst der schon gegenwärtige, durch seinen allbelebenden Othem ergötzende Frühling wird in unserer Empfindung noch mehr dadurch gehoben, daß ihm der todte, freudenleere Winter unmittelbar vorherging. Nur dieß kommt auf Rechnung des Reitzes der Neuheit; und auch unsere größere Empfänglichkeit für die Reitze des Frühlings nach vorhergegangenem Winter, so wie das erhöhte Gefühl der Gesundheit nach einer überstandenen Krankheit leiht dem Frühlinge selbst keine Reitze, die er nicht hätte, und entfernt nur den schwächenden Einfluß der Gewohnheit, welche sie nicht genug empfinden ließe.

Sechzehntes Kapitel.

Phänomene der Natur.
Tages= und Jahreszeiten.

Seinem Character zufolge mahlt der Frühling das zu den Zwecken des Lebens fortschreitende Streben der aus ihrem Schlummer erwachenden Natur. Alles nimmt an diesem Aufstreben Theil. Selbst der Mensch scheint im Frühling mit der Natur wieder aufzuleben, und wie die Bäume im Lenz ihr lichtestes, lebhaftestes und frischestes *) Grün tragen: so wird

*) Ein frischeres, lebhafteres Grün, als sonst, zeigen die Bäume an heitern Ta=

er sich in selbigem der ganzen Fühlbarkeit seines Wesens bewußt. Aus diesem doppelten Grunde — weil die Natur da in ihrem Feyerkleid auftritt und der Mensch selbst mit verdoppelter Theilnahme an ihr hängt — haben auch Spatziergänge im Frühling einen so großen Reitz. Die Ankunft der Sommervögel, die Blüthezeit der Bäume, das Emporblühn der Frühlingsblumen und Kräuter auf Wiesen und Bergen, das Schlagen der melodischen Nachtigall, der fröhliche Flug der Schwalben über der grünen Flur, das Brüthen der Thiere, das Schwirren der Maikäfer, der Duft des verjüngten Waldes; Alles erfüllt in

gen von völlig reiner, dunstfreyer Luft. Sie scheinen in einem reinern Element zu glühn.

periodischem Auffsteigen diese frohe Jugendzeit des Jahrs, wovon der unter den Einflüssen der Natur lebende Lustwandler, der nicht darauf ausgeht, die Natur zu beobachten, der durch kein Geschäft zerstreut, sich unbefangen nur ihren Eindrücken überläßt, die harmonischsten Empfindungen erhält.

Wie bey vielen Menschen, muß man es an dem Sommer für seinen Charakter nehmen, keinen eigenen Charakter zu haben. Nicht als fehlte es ihm an jedem eigenen Naturphänomen; wären es auch nur Phänomene, welche die Menschheit, wie das Abmähen der Wiesen, des Getreides, an der Natur hervorbringt. Aber auch an selbstständigen einzelnen Phänomenen fehlt es dem Sommer nicht; seine warmen Morgen und Abende, die mannigfaltigen Sommerblumen auf dem Felde, auf Wiesen, in Gärten, das Reifen von Baumfrüchten und Feldfrüchten und der nie stillstehende Gang der Natur, der sich durch das dunklere Grün der Bäume, durch die immer heller werdende Farbe des reifenden Getreides ankündigt, sichern ihm seine Verschiedenheit von dem Frühling. Diese Verschiedenheit kann dem Freunde der Natur am wenigsten unbekannt geblieben seyn, dem sich, auf seinen Lustwanderungen, die Natur unter allen Gestalten zeigte. Klopstock singt:

> Des Mays Erwachen ist nur
> Schöner noch als die Sommernacht,
> Wenn ihm Thau, hell wie Licht, aus der
>   Locke träuft,
> Und zu dem Hügel herauf röthlich er kömmt.

Gleichwohl wird es gerade der mit der Natur vertraute Freund des öftern Lustwandelns im Freyen am wenigsten in Abrede seyn, man müsse dem Sommer einen eigenen Charakter absprechen. Er, der mit Sinn in der Natur lustwandelt, weiß es nur zu wohl, daß der Sommer den Frühling nur fortsetzt, daß er nur verändert, zeitigt, reift, was der Frühling ins Leben rief. Die Blüthe der Linden, des Flieders, des Jelängerjeliebers, des Vergißmeinnicht, des Thymian, der Rose, Levkoie, Nelke zeigen ihm Spätlinge des Frühlings; nur daß der seltnere und uninteressantere Gesang der Vögel nicht mehr das rege Leben des Frühlings über die Natur verbreitet, und das dunklere Grün der Bäume, so wie die hellere Farbe des gelbenden Getreides, durch einen ernstern Charakter die lebhafte Gestalt des Frühlings verdrängt. Vorzüglich kündigt sich der Mangel des Sommers an eigenem Charakter durch die Unmöglichkeit an, sich von ihm ein allegorisches Bild der Natur zu entwerfen. Sagen: er versetze die Natur in den Zenith des Lebens — was nicht einmahl von allen Gegenständen der belebten Natur gilt — giebt noch kein allegorisches Charakterbild.

Leicht bildet man sich dagegen ein solches von dem Herbst. Wie der Frühling die Phantasie von selbst auf die Idee der Auferstehung zu führen scheint *): so führt

---

*) Damit besteht sehr wohl, daß die Eindrücke des Frühlings mehr sinnlich, die

der Herbst fast unwillkührlich auf den Ge:
danken des Todes und der Vergänglichkeit.
Das Entfärben, Absterben und Abfallen
der Blätter auf den Bäumen, so wie ihr
Verwesen; die kühlen Morgen und Abende
und die oft unfreundlichen Tage verkündi:
gen den baldigen Todesschlaf der Natur. Es
bedarf keines weitläuftigen Beweises, daß
das angelegentliche Interesse, welches wir
an herbstlichen Naturscenen nehmen, mehr

> Eindrücke des Herbsts mehr idealisch sind.
> Es ist wahr, daß der Frühling auf die
> Idee des Wiederauflebens, der Auferste:
> hung führt; aber er führt nicht, wie der
> Herbst auf den Gedanken des Todes und
> der Vergänglichkeit, unwillkührlich
> darauf. Er hält den Sinn mehr bey seinen
> unmittelbaren Eindrücken fest. Ueber sie
> erhebt sich nur in idealischern Stim:
> mungen der idealischere Geist.

idealisch als sinnlich ist, mehr aus Ideen der Vernunft, die sie mit den Eindrücken der Natur verknüpft, als aus demjenigen entspringt, was man in der Wirklichkeit erblickt. Die Natur hat da nicht die Reitze des Frühlings, der mehr durch sinnlich ergötzende Eindrücke der Dinge rührt, wiewohl auch da der Geist durch seine Ideen die Natur noch hebt.

Könnte wohl jemand für einen Naturfreund gehalten werden, der mit Sinn und Liebe ihr Bild in sein Inneres faßt, wenn er die sich stets verwandelnde Natur nicht in ihren mannigfaltigen Situationen kennen gelernt hätte, wenn ihm bedeutende Seiten an ihr fremd geblieben wären, wenn er wohl gar den Eindruck der verschiedenen Jahrszeiten an sich nicht wahrgenommen hätte, weil er nie zu sich selbst gekommen wäre, um sich mit unbefangener Seele der Natur hinzugeben? Nie könnte ihm diesen Mangel jemand anders ersetzen: und wäre es selbst ein Thomson! Die Natur hätte auf sein Gemüth nicht gewirkt: und er wollte ihre wohlthätigen Einflüsse an sich erfahren? Ja solche entartete Menschen fühlen sogar nicht einmal ihren Verlust. Vielleicht wären sie wohl klein genug, darüber zu lachen, wenn jemand z. B. verschiedene Vögel sogleich nach ihrem Gesange zu unterscheiden wüßte, ein Interesse an den Zugvögeln, dem Spinngeweb des Herbstes nähme. Aber sie hätten damit nur eine Satyre auf ihre eigene Mißbildung gemacht. Sie würden eben so unfähig seyn, ein reines Interesse an der balsamisch duftenden Natur nach einem warmen Gewitterregen zu nehmen, indeß der Freund der Natur selbst des Winters noch im Freyen lustwandelt und sich für die Natur interessirt.

Siebzehntes Kapitel.

Die Natur nach Maaßgabe unserer Empfindungen.

Charakter einzelner Parthien, Gegenstände der Natur; Bewegung und Ruhe in der Natur.

Aufmerksamkeit auf seine Gefühle ist dem Lustwandelnden, um allen möglichen Gewinn vom Natur-Umgang zu ziehn, eben so nöthig, als das Lustwandeln in der Natur mit Sinn. Letztere Eigenschaft verhilft ihm mehr zur Kenntniß der Natur und es kann diese Kenntniß nur die Folge eines angelegentlichen Interesse's an derselben seyn; aber um zu seinem Gefühl, seinem Herzen zu sprechen, müßten die Gegenstände der Natur noch zugleich mit seinem Gefühlvermögen, mit der Natur seiner Empfindungen harmoniren. Es ist außer Zweifel, daß die Natur in den mannigfaltigsten Verhältnissen zu unsern Gefühlen steht, daß sie alle Töne unserer Empfindungen zu berühren vermag. Sie auf die harmonischste Art seine Gefühle stimmen, sein Herz beschäftigen zu lassen: dazu gehört Kenntniß dieser Gefühle selbst, so wie Kenntniß jeder Natur-Parthie und einzelner Gegenstände der Natur.

Wer da weiß, daß Gewohnheit den Genuß des Schönsten unschmackhaft macht, wird so viel als möglich Mannigfaltigkeit in seine Spatziergänge zu bringen suchen und dadurch selbst die Vielseitigkeit seines Verhältnisses zu der Natur befördern. Wer es weiß, daß man zu gewissen Naturpartbien eine idealische Stimmung mitbringen muß, um ihres Genusses fähig zu seyn, oder daß eine andere nur dem Betrachter mit dem unbefangensten kindlichsten Sinne ihre zarte Leichtigkeit und Freyheit mittheilt; eine andere dagegen ihren heitern oder schwermuthsvollen Charakter keiner niedrigen und leichtsinnigen Denkart enthüllt; daß den zur Schwermuth Geneigten eine düstere Gegend in noch tiefere Schwermuth versenkt; wird leicht zu beurtheilen wissen, unter welchen Umständen er den Genuß gewisser Naturschönheiten für sich angemessen halten darf.

In Absicht einzelner Naturgegen:
stånde ist es derselbe Fall. Auch von ih
nen gilt es: man muß die Natur zum
Sprechen zu bringen wissen, damit sie
wirklich spricht. Wer sich den Eindruck
gewisser Båume, wie gewisser Natur:
parthien nicht zu entwickeln, seine Auf:
merksamkeit nicht darauf zu richten weiß:
auf den wirken ihre Schönheiten nur
blind, und er genießt derselben nur halb.
Die schlanke, heitere Birke, die zitternde
Espe nehmen durch ihren Eindruck in den
menschlichen Gefühlen einen bestimmten
Charakter an, wodurch sie mit gewis:
sen menschlichen Eigenschaften Verwant:
schaft und Beziehung darauf erhalten.
Sich solche Eindrücke, wodurch die Na:
tur, die wir stets in Beziehung mit der

Menschheit bringen, auch wenn wir uns derselben nicht bewußt sind, in den Kreis der Menschheit spielt, zu entwickeln und mit hellem Bewußtseyn in sich aufzunehmen, erhöht und vervielfältigt den Naturgenuß.

Sogar zufällige Ideenspiele, welche der Eindruck von gewissen Naturgegenständen nicht nothwendig herbeyführt (wie man die zitternde Espe als Symbol einer zarten Reitzbarkeit des Gemüths ansieht) und die mehr durch die individuelle Empfindung und den beziehungsreichen Geist des Lustwandelnden bestimmt werden, kann man der Natur in gewissen ihrer Parthien oder ihrer einzelnen Gegenstände unterlegen; und auch dieses Vergnügen liegt nicht außer dem Kreis der Unterhaltung mit der Natur. Vorzüglich auf gesellschaftlichen Spatziergängen im Freyen wären solche geistreiche Ansichten der Natur an ihrem Ort. Sie erheiterten die Gesellschaft durch das Eigene, Feine, Beziehungsreiche, was eine solche Ansicht mit sich führt. Nur dürfen diese Beziehungen von dem Eindruck der Gegenstände sich nicht zu weit entfernen, um natürlich zu seyn, und nicht in eine Sucht auszuarten; sonst würde die Natur, ganz ihrer Würde zuwider, Gegenstand eines ekelhaften Haschens nach Witz.

Nie kann die Natur als Natur Gegenstand des Scherzes und der Satyre seyn.*)

*) Nur der Mensch kann, als ein freyes Wesen, Gegenstand des Lächerlichen seyn;

Scherz ist immer eine Art, wenn auch nur von verstelltem Spott; und es kann nur einem faden Witzling einfallen seinen Scherz mit der Natur zu treiben. Ein solcher Witz hätte gar keinen Sinn. Nur wo die Natur in das Gebiet der Menschheit spielt, gestattet sie dem Witze einen erlaubten Spielraum. So kann man über die Possen und das Grinsen eines Affen lachen, der sich der Menschheit aufzudrängen scheint. Aber Witz würde auch noch über die unbelebte Natur ohne Tadel seyn, wenn er nicht eigentlich die Natur, sondern mittelbar die Menschheit träfe. Dieß wäre der Fall, wenn man über zugestutzte Bäume lachte; wo man sich vielleicht noch

 nicht die Natur in ihrer strengen Nothwendigkeit.

überdieß von dem Bilde einer durch Erziehung und Einrichtungen zugestutzten Menschheit beschleichen ließe. Menschen von natürlich richtigem Gefühl werden hierin, wenn sie nur ihren Empfindungen treu bleiben, auch ohne sich des genauen Unterschieds zwischen Natur und Menschheit bewußt zu seyn, schwerlich Fehler begehn.

Ruhe und Bewegung in der Natur können dem Lustwandelnden nach der verschiedenen Beschaffenheit seines Gemüthszustandes gleich willkommen seyn. Schon die Abwechslung gefällt. Nach langer, ununterbrochener Ruhe sieht man, wie nach langem heitern Wetter einen trüben Tag, einen Sturm sogar gern. Ein solcher bringt Leben in die Natur und reges Leben sagt unsern Empfindungen zu. Das Lustwandeln bey stärkerm oder schwächerm Winde giebt uns den Reitz eines solchen regen Lebens zu empfinden, welches die gewaltigen Kräfte der Natur über sie verbreiten; und man darf die Gelegenheit zu solchen Spatziergängen nach verschiedenen Ansichten, auf Berg und im Thal, im Freyen und im Walde, wenn es da ohne Gefahr sich lustwandeln läßt, nicht verabsäumen, um sich die belebenden Eindrücke davon zu verschaffen. Wie angenehm wogt nicht im Winde die Saat! Wie mahlerisch beugen sich die Kronen der Bäume im Sturm! Selbst bey sonstiger Ruhe in der Natur kann man den Eindruck regen Lebens in ihre Mitte erhalten, wenn man bey einigem Winde in Gründen lustwandelt, wo hohe Pappeln mit rauschenden Blättern stehn.

Dauert der Sturm längere Zeit, so wird er dem Lustwandler widrig: er ist doch immer für die Natur und unsere Empfindungen ein gewaltsamer Zustand. Kein Gegenstand der belebten Natur erscheint da in seiner ruhigen Lage und macht seinen natürlichen Eindruck. Vorzüglich angenehm ist deshalb der, einem heraufziehenden Gewitter vorhergehende Sturm, weil eine solche ungewöhnlich starke Bewegung meistentheils auf eine völlig todte Ruhe in der Natur folgt, und diese nach dem Gewitter eben so bald zu ihrem vorigen Zustande der Ruhe zurückkehrt. *) Nach starken geräuschvollen Eindrücken im Kreis der Geschäffte und des Lebens, nach vorhergegangener starker innerer Bewegung, so wie nach überstandenen schweren Krankheiten, wo der noch schwache Körper eine starke Bewegung nicht erträgt, ist Ruhe in der Natur für die Gefühle des Menschen der angemessenste Zustand.

*) Gewitter sind überhaupt ein sehr interessantes Schauspiel, wenn man zumahl eine ganze Gegend und einen weiten Horizont dabey überschaut. Nur im Freyen machen sie diesen ganzen vollen Eindruck. Es gewährt ein erhabenes Vergnügen, bey einem in der Ferne heraufziehenden oder wieder vorübergehenden Gewitter, auf benachbarten Bergen oder Anhöhen an dem Orte seines Aufenthalts zu lustwandeln.

Man kann aber die Natur seinen Gefühlen nicht nur dadurch nahe bringen, daß man die Parthien derselben nach Maaßgabe seiner Empfindungen wählt: man kann auch seine Empfindungen zu ihr hinaufstimmen. Dieß geschieht zum Beyspiel vermittelst des Körpers durch das Bad. Nach dem Bade findet man sich am heitersten gestimmt: alle Gegenstände erscheinen dem Lustwandler darnach in einem reinern Licht, in einer frischern Gestalt. Ein Bad, wo sich die Menschen ihrer Geschäffte und Sorgen entschlagen und bey erhöhtem Wohlgefühl des Körpers durch den Gebrauch der Bäder im gesellschaftlichen Genuß der Natur leben, kann nicht anders als ein hohes Interesse in die Spatziergänge bringen. Mit welcher Empfindung müssen da nicht vollends Gegenstände auf die Seele des Lustwandelnden wirken, die durch ihre eigene Schönheit und Erhabenheit schon alles andere hinter sich zurücklassen! Von der Art muß der Sonnenuntergang in der Gegend von Doberan seyn, wenn er, wie die Natur der Sache schon mit sich bringt, der Beschreibung eines Ungenannten gleicht:

„Der Sonnenuntergang ist hier bey heiterm Wetter ein wunderschönes, erhabenes Schauspiel; der ganze Ozean nach Westen zu scheint entglüht und seine Farben schmelzen so sanft und unmerklich mit dem gleichfarbigen Horizont zusammen, daß das Auge die Gränzen nicht mehr zu unterscheiden vermag. Sind Schiffe in der Entfernung sichtbar, so hat es die sonderbare Wirkung, daß sie durch diesen optischen Betrug gleichsam in der Luft zu schweben scheinen." *)

*) Journal des Luxus und der Moden, Januar 1801 S. 18.

Achtzehntes Kapitel.
Einiges über die physischen Bedingungen des Spazierengehns.

Physische Bewegung des Körpers macht freylich bey weitem noch nicht das Lustwandeln aus. Körperbewegung — so vortheilhaft das Spazierengehn auch auf die Gesundheit wirkt — ist von dem Lustwandeln selbst nicht einmahl ein wirklicher Bestandtheil. Was das eigentliche Lustwandeln bestimmt, ist geistiger Art; obwohl viele Spaziergänger, deren Geist zu leer oder zu träg ist, um dabey eine Rolle zu spielen, auf ihren Spatziergängen nur wandelnde Maschinen seyn mögen. Ist aber gleich Körperbewegung noch nicht das Lustwandeln selbst; so ist sie doch eine nothwendige Bedingung des Lustwandelns; sollte sie auch, wie beym Spatzierenfahren, nur leidend seyn. Zweckmäßige oder zweckwidrige Körperbewegung kann den (geistigen) Zweck des Lustwandelns befördern oder beeinträchtigen und vereiteln: und es ist also doch gewiß nicht zweckwidrig, über die vortheilhaftesten physischen Bedingungen des Spatzierengehns Einiges zu sagen.

Kranke können, wie sich von selbst ergiebt, nicht eigentlich lustwandeln. Ihre Spatziergänge sind bloße Versuche, die

Reize einer Promenade oder der freyen Natur an das Gemüth zu bringen, um dem Körper zugleich durch den Geist beyzukommen. Wenn sich auf dem Spaziergang körperliche Gefühle dem Bewußtseyn unabwehrlich aufdrängen, hat der Geist nicht die zum Luftwandeln nöthige innere Freyheit. Wenn die kürzeste und leichteste Bewegung schon das Gefühl von Schwäche zur Folge hat, so ist der Geist viel zu sehr an den Körper gefesselt, als daß er seine eigenen freyen Zwecke verfolgen könnte.

Was bey dem Kranken Folge seiner zerrütteten Gesundheit ist, Gefühl von Schwäche, kann auch bey dem Gesunden durch eine unvortheilhafte Körperbewegung auf Spaziergängen erfolgen: und dann litte der Zweck des Lustwandelns dadurch gleichfalls. Jeder Mensch hat nur ein bestimmtes Maaß von Körperkraft, das freylich bey verschiedenen Menschen ganz verschieden seyn kann. Ein zartes Frauenzimmer ermüdet schön von einem mäßigen Spatziergang, den der stärkere Mann ohne Beschwerlichkeit wiederholt zurücklegen könnte. Menschen, die eine sitzende Lebensart führen und ihre Körperkräfte nicht üben, fühlen sich bald von einem Spatziergange erschöpft. Sobald dieß der Fall ist, mischen sich körperliche Gefühle in den Empfindungszustand und es ist um die Freyheit des Gemüths geschehn.

Es kann freylich jeder nur aus eigener Erfahrung wissen, wie lange er ohne Ermüdung zu luſtwandeln vermag. Allein man braucht auch nicht den Grad des Kraftmaaßes eines jeden zu kennen, um einige allgemeine phyſiſche Bedingungen des Luſtwandelns anzugeben, die für jedermann gelten. Auch in Abſicht der Länge des Spatzierengehns kann die Ungleichheit unter den Menſchen ſo groß nicht ſeyn. Geſetzt auch, der Körper ermüdete bey jemandem nicht ſo leicht: ſo würde er doch ſeinem Spatzierengehn aus Mangel an Geiſtesintereſſe, das ſich auf die Länge ohne Zwang nicht erhalten ließe, Grenzen ſetzen müſſen. Im Allgemeinen iſt es hierüber Regel: das Satzierengehn nicht weiter fortzuſetzen, wenn man ſich (körperlich) unbehaglich, oder wenn man ſich (geistig) von dem Spatzierengehn nicht mehr interessirt fühlt.

Hauptsächlich muß man sich vor einer zu schnellen Körperbewegung auf Spatziergängen hüten. So bekannt dieß ist, so häufig verstößt man dagegen. Vorzüglich ist dieß in Gesellschaft der Fall, und der Grund davon ist, weil man im Feuer des Gesprächs seine Aufmerksamkeit verliert. Aber man verliert dadurch auch die Eindrücke der Natur. Man kann es sehr bald wissen, wann man sich in diesem Zustande befindet. Sobald sich nämlich des Spatzierengehenden, der sich selbst und die Dinge um sich vergaß, während er zu schnell ging, eine peinliche Empfindung bemächtigt, kann er gewiß seyn, sich auf dem Fehler des zu schnellen Spatzieren: gehns zu betreffen. Allein wenn diese Empfindung eintritt, kam es damit schon zu weit. Der erhitzte und ermattete Kör: per, den man beym Lustwandeln gar nicht fühlen müßte, drängt sich in die von ihm ganz abgezogene Aufmerksamkeit des pein: lich Lustwandelnden gewaltsam ein. —

Nie sollte man eigentlich sogleich nach Tische spatzieren gehn. Nach Tische ist der Körper zu sehr mit der Verdauung beschäf: tigt, als daß das Gehn nicht schon an sich mit Beschwerlichkeit verbunden wäre. Der Geist hängt da zu sehr vom Körper ab, als daß man ein freyes, von Körperge: fühlen nicht eingeschränktes Wohlgefallen an Natur und Gesellschaft hätte, wenn auch die Unbehaglichkeit eines solchen Lustwandelns unmittelbar nach Tische sich bey dem gesunden Menschen nicht auf eine auffallende Art zu erkennen giebt. Selbst in Gärten, wo man speiste, ist es nicht zweckmäßig, unmittelbar nach Tische spatzieren zu gehn.

Eben so wenig sollte man unmittelbar nach Tische spatzieren fahren oder reiten. Zwar ist das Spatzierenfahren mehr leidend, als das Spatzierengehn und erfordert also weniger selbstthätigen Kraftaufwand; aber darum ist es doch nicht weniger zweckwidrig, als das Spatzierengehn selbst. Beym Spatzierenfahren wird der ganze Körper unaufhörlich geschüttelt und oft gar erschüttert. Hier wird die Verdauung aus Mangel an Ruhe eben so sehr erschwert. Am unzweckmäßigsten ist aber vollends das Spatzierenreiten unmittelbar nach Tische; denn es ist mit stärkerm Kraftaufwande, als das Spatzierengehn und Spatzierenfahren verknüpft.

Mittags vor Tische ist zum Spatzierengehn, wie bekannt, die gerathenste Zeit. Da findet keine der Ursachen Statt, welche das Spatzierengehn unmittelbar nach Tische widerrathen. Vor Tische kann man des Mittags in jeder Jahrszeit gleich schicklich spatzieren gehn. Winter und Sommer, Frühling und Herbst machen in dieser Hinsicht, so ungleich sie sich sonst sind, keinen Unterschied. Nur muß man im Sommer, wo gerade die größte Sonnenhitze bey hellen Tagen herrscht, des Mittags zu seinen Spatziergängen beschattete Orte, Alleen, Gärten, Waldparthien wählen. Ohne diese Vorsicht könnte man durch einen kurzen Spatziergang sich zu sehr erhitzen und ermüden; was unmittelbar vor Tische dem Körper noch nachtheiliger ist, als sonst, wo man nicht sogleich auf eine starke Ermüdung sich zur Tafel setzt.

Am vortheilhaftesten für Körper und Geist sind Spatziergänge den Sommer über früh Morgens, wenn sie nur nicht so leicht ermüdeten. *) Nicht nur ist der

---

*) Diese Unbequemlichkeit haben auch Spatziergänge im Frühling beym ersten Erwa-

Körper da von dem vorhergehenden Schlafe gestärkt und der Mensch lustwandelt früh mit voller Empfänglichkeit: er ist auch noch nicht durch die Geschäfte und Sorgen des Tages zerstreut. Zugleich genießt er da die Natur in einer der schönsten Perioden des Tages. Eben so einladend und belebend sind Spatziergänge für Körper und Geist im Sommer des Abends. Der Körper ist von keinen Speisen mehr beschwert; die Hitze des Tags fällt nicht mehr zur Last, die Spatziergänge ermü-

chen der Natur. In dieser Hinsicht hat der Herbst Vorzüge vor dem erst beginnenden Frühling. Allein sollte man die Annehmlichkeiten gewisser Tages = und Jahreszeiten lieber ganz entbehren, als daß man sich ein wenig Unbequemlichkeit und Ermüdung gefallen ließe?

den nicht mehr so leicht und die angeneh:
men kühlenden Winde wehen uns an mit
Wohlgefühl.

Erläuterungen.

Auf offnem Meere, im Anblick einer einförmigen Wasserwelt. S. 19. Z. 4. Sehr psychologisch wahr urtheilt hierüber Wieland im Eingang seines Aristipp: „Es däuchte mich schon am Abend des zweyten Tages, schreibt hier Aristipp an seinen Freund Kleonidas von seiner Seereise auf der Ueberfahrt nach Kreta, „als ob mir das majestätische, unendliche Einerley unvermerkt — lange Weile zu machen anfange. Himmel und Meer, in Einen unermeßlichen

Blick vereinigt, ist vielleicht das größte und erhabenste Bild, das unsere Seele fassen kann; aber nichts als Himmel und Meer und Meer und Himmel, ist, wenigstens in die Länge, keine Sache für deinen Freund Aristipp: und ich glaube wirklich, daß mir ein kleiner Sturm, mit Donner und Blitz und übrigem Zubehör, bloß der Abwechslung wegen, willkommen gewesen wäre."

Das Physische bey dem Spaßierengehn. S. 20. Z. 8. Es gehört eine sehr träge Einbildungskraft dazu, sich nicht wenigstens in der Phantasie über einer schönen Gegend, frey wie ein Vogel in der Luft schwebend und verloren in den Genuß derselben ohne drükkende physische Abhängigkeit von den Gesetzen der Schwere denken zu können. Nur wäre dieß, obwohl ein geistiger, doch kein ächtmenschlicher Zustand. In einem solchen befindet sich der Mensch, erhaben über das Thier, nur nach seiner ganzen Natur.

Natur. S. 46. Z. 4. Schon an einem andern Orte (in den Briefen über Garve's Schriften und Philosophie Seit. 258 — 268); so wie von den hier in Betracht kommenden Seiten habe ich den Einfluß der Natur im sechsten und eilften Kapitel gegenwärtiger Schrift berührt. Vortrefflich bemerkt Kant in der Kritik der Urtheilskraft: ungeheucheltes und reges Interesse an der Natur verrathe stets einen edlen Geist. Kant selbst drückt sich so darüber aus: „Ich räume gern ein, daß das Interesse am Schönen der Kunst (wozu ich auch den künstlichen Gebrauch der Naturschönheiten zum Putze, mithin zur Eitelkeit, rechne) gar keinen Beweis einer dem Moralischguten anhänglichen, oder auch nur dazu geeigneten Denkungsart abgebe. Dagegen aber behaupte ich, daß ein **unmittelbares Interesse** an der Schönheit der Natur zu nehmen (nicht bloß Geschmack haben, um sie zu beurtheilen) jederzeit ein Kennzeichen einer guten Seele sey; und daß, wenn dieses Interesse habituell ist, es wenigstens eine dem moralischen Gefühl günstige Gemüthsstimmung anzeige, wenn es sich mit der **Beschauung der Natur** gern verbindet. Der, welcher einsam (und ohne Absicht, seine Bemerkungen Andern mittheilen zu wollen) die schöne Gestalt einer wilden Blume, eines Vogels, eines Insects u. s. w. betrachtet, um sie zu bewundern, zu lieben, und sie nicht gerne in der Natur überhaupt vermissen zu wollen, ob ihm gleich dadurch einiger Schaden geschähe, vielweniger ein Nutzen daraus für ihn hervorleuchtete, nimmt ein unmittelbares Interesse an der Schönheit der Natur." Ein solches Interesse an der Natur, eine solche Liebe zu derselben befriedigen vorzüglich Spatziergänge im Freyen der Natur. Bloß stehende Betrachtung derselben würde nur sehr einförmig, und für die Länge nur ein dumpfes Brüten oder Träumen seyn.

Das große Schauspiel der aufgehenden Sonne. S. 48. Z. 17. Ganz nach der Natur mahlt Rousseau den Sonnenaufgang im dritten Buch des Aemil: "Schon von weitem," so mag vor der Hand diese nicht leicht zu übersetzende Stelle im Deutschen lauten, "sieht man sie sich durch feurige Strahlen ankündigen, welche sie vor sich her schickt. Immer größer wird die strahlende Gluht;

der ganze Osten scheint in Flammen. Ihr Feuer spannt die Erwartung lang vorher auf das Gestirn, eh es sich zeigt. Jeden Augenblick glaubt man sie zu sehn: endlich sieht man sie. Ein strahlender Punkt geht aus wie ein Blitz und erfüllt alsbald den ganzen Raum; der Schleyer der Finsterniß lüftet sich und sinkt: der Mensch erkennt wieder seinen Wohnplatz und findet ihn verschönt. Das Grün hat während der Nacht eine neue Lebhaftigkeit gewonnen: der tagende Morgen, der es erhellt, die ersten Strahlen, die es vergolden, zeigen es rings mit einem Gewebe von Perlenthau bedeckt, welches dem Auge Licht und Farben zuwirft. Die Vögel vereinigen sich in Chöre und grüßen einstimmig den Vater des Lebens: keiner schweigt in diesem Augenblick. Ihr noch schwaches Gezwitscher ist langsamer und sanfter, als den übrigen Tag: es spricht daraus die süße Mattigkeit eines friedlichen Erwachens. Der Zusammenfluß aller dieser Gegenstände macht auf die Sinne einen Eindruck von Frischheit, welcher bis zu der Seele durchzudringen scheint. Man befindet sich da eine Viertelstunde in einem Entzücken, dem kein Mensch widersteht: ein so großes, so schönes und köstliches Schauspiel läßt niemanden bey kaltem Blute.

Nur müßte das Interesse, das der Lustwandler an der Natur nimmt, kein intellektuelles Interesse seyn. S. 50. Z. 1. Der Inhalt des vortrefflichen Schillerschen Gedichts: Der Spatziergang (Gedichte von Schiller S. 49.—65.) wäre gleichwohl keine zweckmäßige Unterhaltung auf einem wirklichen Spatziergang. Obgleich das Schillersche Gedicht nicht Zwecke des Verstandes (Darstellung des Verhältnisses der Natur zur Menschheit nach dem ganzen stufenweisen Fortgange der Kultur) durch und für den Verstand aufstellt und verfolgt, also von wahrhaft poetischem Geiste ausgeht und in poetischem Geiste endigt: so ist es doch als Kunstwerk, und zumahl als Kunstwerk von tiefangelegter Kunst und langem Athem für die Unterhaltung auf einem Spahiergang, als zu methodisch und ernst nicht geschickt. Zwar ist alles mit großer Kunst in dem Schillerschen Gedichte auf den Kreis des Lustwandelns, im Freyen der Natur nahe bey einer Stadt, zurückgeführt und wenn sich die geistige Betrachtung zu weit von der wirklichen Anschauung der den angenommenen dichtenden Spahiergänger umgebenden Gegenstände zu verlieren scheint, wird sie geschickt wieder an einen solchen Gegenstand der wirklichen Anschauung angeknüpft; aber ob das Gedicht gleich im Kreise des Lustwandelns spielt und seine sinnlichen und intellektuellen Bestandtheile auf das innigste bindet und in einander verschmelzt: so sind sie doch nicht aus dem Kreise des u n b e = fangenen Lustwandlers entlehnt, dessen Empfindungen und Ideen nicht immer nur eine und dieselbe Richtung halten, sondern zugleich wechseln wie sein Schauplatz. Auch läßt die Lektüre von Schillers Gedichte nicht die unbefangene Stimmung zurück, die ein wirkliches Lustwandeln im Kreise der Natur und Menschheit erzeugt. Vielmehr wirkt es (gewiß der völligen Absicht des Dichters selbst gemäß) den Eindruck von hohem moralischen Ernst. Man ist also über der Lektüre dieses Gedichts — was von dem Spatziergange eines wirklichen Lustwandlers nicht gelten kann, welcher in keine hohe, wenn auch moralische,

Spannung geräth und sich über nichts, auch nicht über Natur und Menschheit, in innerer Bewegung seines ganzen Wesens, leidenschaftlich erhitzt und ergießt — in hohem Grade (moralisch) **interessirt**; ein Zustand, der sich mit der ästhetischen Stimmung des Lustwandlers, zu einem freyen Spiele seiner Gemüthskräfte, nicht verträgt. Schiller wollte durch sein Gedicht keinen wirklichen Spatziergang kopiren; der Spatziergang sollte ihm nur Vehikel zu einer interessanten poetischen Darstellung (Fiction) seyn. Als solches ist er vielleicht die einzige Situation, worin Natur und Menschheit sich in dem von Schiller beabsichteten Lichte poetisch darstellen ließen.

Zum Beweise, daß ich Schillers Gedicht nicht nach einer bloßen Ansicht für meinen Zweck fasse, mag hier die kurze, aber treffende Charakteristik dieses Gedichts aus der meisterhaften, mit eben so viel eindringendem Geiste als wahrem Dichtergefühl geschriebenen Recension, der besten, die über Schillers neue Ausgabe seiner Gedichte erschien, in der neuen Bibliothek der schönen Wissenschaften (im ersten Stück des fünf und sechzigsten Bandes) stehn. "Reiche, einander entgegengesetzte Bilder" heißt es da, "der Natur und Kunst, der Einfachheit und des Luxus, der Unschuld und der Verderbniß, der Freyheit und der Tyranney vereinigen sich hier zu einem großen Ganzen, welches die Einbildungskraft mit dem Effect eines kunstvoll geordneten, magisch beleuchteten Gemähldes bezaubert und den Verstand mit dem Verdienste einer gründlichen Geschichte unterhält. Wir glauben eine Beschreibung zu lesen und sehen uns mit einer Aussicht auf die Weltgeschichte überrascht; wir begleiten einen Lustwandler auf seinen Spatziergang, und er entführt uns auf den Flügeln seiner Begeisterung zu einer Höhe, von welcher wir auf das Menschengeschlecht herab blicken und alles Große und Wunderbare seiner Kultur mit einemmale überschaun."

Den Stoff zur einsamen Unterhaltung auf Spatziergängen im Freyen muß immer zunächst, mehr oder weniger die Natur, müssen nicht Kunst und Bücher geben, selbst wenn sie dieselben Natureindrücke schilderten, die sich auf dem Spatziergange darbieten; und die Unterhaltung darf sich nie ganz aus dem Kreise der Wirklichkeit beym Lustwandeln verlieren. Dann wird auch ein heiterer Eindruck der reine Gewinn eines solches Spatzierganges seyn. — Hiermit wird nicht verlangt, man solle seine Gefühle und Ideen im Kreise der Natur gewaltsam unterdrücken, selbst nicht, wenn sie z. B. bey sonderbar gestalteten Gebirgsmaſſen, ſich auf den Urſprung der Dinge bezögen; nur müßten ſie ſich nicht von der Wirklichkeit der umgebenden Gegenſtände ganz losreißen und in ein davon ganz unabhängiges, ernſtes Nachdenken übergehn. Ich erklärte mich darüber (Seit. 75, 76) ja ausdrücklich: wir berührten die Natur nicht unmittelbar, ſtänden mit ihr nur mittelbar in Verbindung durch unſere Gefühle und Ideen, die wir, nur jeder in einem eigenen Maaße, zur Betrachtung derſelben mitbringen; der Genuß der Natur werde durch den größern Reichthum des Geiſtes und Herzens von Seiten des Spatziergängers erhöht, und blindes Anſchauen der Natur könne nur ein dumpfes Träumen ſeyn. Daraus folgt aber nicht, man müſſe ſich dem Anblick der Natur ganz entziehen und intellektuelle und moraliſche Betrachtungen zum eigentlichen Ge-

genstande seiner Unterhaltung auf Spaziergängen machen.

Wohl liest man ein schönes Gedicht mit mehr Empfindung in der schönen Natur, als auf seinem Zimmer, und das vortreffliche Schillersche Gedicht dürfte sich im Anblick der Gegenstände (das Individuelle von dem Zustande und Lokal, worin sich der Dichter, dem Eingange des Gedichts zufolge, befand, freylich noch nicht in Anschlag gebracht), welcher es eingab und worauf es sich bezieht, nur mit um so mehr ergreifendem Gefühl der Wahrheit lesen lassen. Man kann sogar auf Spaziergängen im Freyen sich im Grünen lagern und sich einer angenehmen Lektüre hingeben: aber man liest doch nicht während des Spatzierengehns und das Lesen ist nicht eigentlich Sache des Spatzierengehns.

Ueber das Schillersche Gedicht dürfte ich in der Folge einen ästhetischen Commentar, wozu es sich mir vor vielen andern zu eignen scheint, versuchen, um sowohl die Eigenheit der Gattung, die es schuf (denn es ist kein Lehrgedicht), als die innere Composition desselben zu entwickeln.

Es müssen beyde mit einander verbunden werden. S. 64. Z. 9. Auch von dieser Seite zeigt sich die Verschiedenheit des Nationalgeists. Der Franzos lebt weit mehr in der geselligen Welt; der Engländer liebt mehr den einsamen Umgang mit sich und den Musen, außerhalb der großen Städte, in der Natur. Daher hat auch der Charakter des Franzosen mehr Gemeinsinn (einen mehr durch Gesellschaft, die zur allgemeinen Denkart, Handlungsweise und Sinnesart stimmt, gebildeten Geist); der

Charakter des Engländers mehr Originalität. Sehr richtig schildert Roucher, der Verfasser des Gedichts les Mois, selbst Franzos, diesen verschiedenen Nationalgeist. „Die unterrichteten, aufgeklärten Personen, welche allein die Klasse desjenigen Theils einer Nation bilden, von welchem der eigentliche Nationalgeist in der Literatur ausgeht, leben in England viel auf dem Lande; und dieser beständige Aufenthalt giebt ihnen täglich Gelegenheit, eine Menge von Gegenständen mit ihrem Geiste zu ergreifen und in ihren Ideen- und Gefühlskreis aufzunehmen, welche sie mit Vergnügen erfüllen, und welche uns nichts sagen, weil sie für uns Franzosen, bey unserer Eingenommenheit für das Stadtleben, die so weit geht, daß wir noch dann, wenn wir aufs Land ziehn, die Stadt mit uns herumtragen, nicht da sind. Indeß: die Zeit wird kommen, wo wir vielleicht mehr als die Engländer, Bürger des Landes seyn werden. Da die Republik, zurückgebracht von der gänzlichen Auflösung der Finanzen, von dem ausschweifenden Reichthum, der unter einer aufwandsüchtigen und verschwenderischen Monarchie an dem innern Menschen nagte und ihn verzehrte, auf den Grundpfeilern der Sitten und Tugenden errichtet ist, so wird das Land in der Folge mehr bewohnt seyn. Selbst die Stürme der Freyheit werden den jederzeit größten Theil der schwachen und kleinen Menschen zum Landleben zurückdrängen, und die Reitze der Ruhe werden für sie ein Band seyn, das sie nicht mehr trachten werden, zu zerreißen. Dann wird uns, mit mehr Neigung zum Nachdenken, zur Beobachtung, gefallen, was uns jetzt mißfällt, und man wird Thomson und seine

Schüler mit Interesse lesen. Sie werden selbst Nachahmer finden."

Wer dürfte leugnen, daß die Revolution diese heilsame Wirkung auf den französischen Nationalcharakter haben kann; aber wer dürfte auch mit den bisherigen Erfahrungen *) die Franzosen schon jetzt, über ihren alten Nationalcharakter erhaben, auf dieser Stufe der Kultur finden? Der Einfluß des Landlebens und der Natur reinigt allerdings den Geist von Lei-

*) Der edle Verfasser obiger Stelle, der noch im Gefängniß, vor seinem Tode auf dem Blutgerüst, wie Condorcet auf der Flucht, an einen für Sitten und Tugend gereinigten Geist seiner Nation glaubt, konnte selbst in jener blutigen Epoche des Terrorismus, wo die Nation noch immer in einer fieberhaften Spannung war, diese Erfahrungen keineswegs schon haben. Er sah die Nation nicht mehr am Ende der Revolution.

denschaften, und erfüllt ihn mit dem Frieden und der Ruhe der Natur. Sehr wahr sagt in dieser Rücksicht Roucher: "ein leidenschaftlicher Freund der Kräuterkunde (Botanik)" so wie der Natur überhaupt, "ist kein Conspirateur." Wenn August, wie Gibbon zeigt, die Römer nach den bürgerlichen Kriegen durch Virgils Landbau für das Landleben gewinnen und sie dadurch von den verwildernden Eindrücken eines der Grausamkeit gewohnten, kriegerischen Geistes heilen wollte: so ist auch bey den Franzosen in Absicht der Folgen, die eine solche Revolution auf den Geist derselben hervorbringen mußte, nach geendigtem Kriege für die Sitten noch alles zu thun. Wer sieht z. B. nicht von selbst den Grund der jetzt so häufigen und immer mörderischen Duelle in Frankreich!

Eine Reise in eine Gegend, welche große und erhabene Gegenstände der Natur darbeut. S. 86. Z. 9. Eindrücke der Art von den erhabensten Naturgegenständen, welche sich einem Lustreisenden nur darbieten können, sind es, die Matthissons genialische Alpenreise (in dessen Gedichten Seit. 75. der viert. Aufl.) mit so vieler Wahrheit mahlt. Nur ein wahrhaft Lustwandelnder, der auch bey dem Ersteigen eines Bergs noch genießt, der Natur Eindrücke sich durch kein, Körper und Geist erschöpfendes, hastiges und die ganze Aufmerksamkeit des Emporklimmenden verschlingendes Gehn beraubt, wird sich ihrer auf Bergreisen so bestimmt bewußt.

Oeffentliche Promenaden auf Alleen. S. 90. Z. 2. Noch mehr auf öffentlichen Promenaden innerhalb einer Stadt sind die grünen Anlagen und das damit ausgestattete Lokal für die Spaziergänger Folie und Behikel der Geselligkeit, als bloß gesellschaftlicher Genuß der Natur. Sie werden es mehr oder weniger, je nachdem sie mehr oder weniger besucht sind. Nach diesem Maaßstabe hatten die öffentlichen Spaziergänge von Paris, wie sie in den verschiedenen Theilen der alten Boulevards, im Garten der Tuilerien, auf den Elisäischen Feldern, im Garten des Pallastes Luxembourg, des Palais Royal u. a. nach der Schilderung Friedrich Schultz's, (in dessen Werk: Ueber Paris und Pariser. Seit. 277. u. f.) erscheinen, jeder einen andern Charakter und gewährten, in Verbindung mit dem eigenen Lokal, einen ganz eigenthümlichen Eindruck. Man vernehme einige Hauptzüge zur Charakteristik der Verschiedenheit dieser Spaziergänge in Paris von dem geübten Beobachter selbst. „So viel ihrer sind, so sehr sind sie in Absicht des Lokale, des Publikums, das dahin kommt, der Zeit, wo es dahin kommt, und der Genüsse, die es da findet, unter einander verschieden. Anziehend sind sie alle für den Beobachter, und wenn der eine weniger mannigfaltig und prächtig ist, als der andere, so biethet er dagegen wieder Stoff zu Bemerkungen dar, die der andere nicht veranlaßt." Zuerst einiges daraus über die alten Boulevards. „Ich war in dem vornehmern, mithin stillern Theile der alten Boulevards. An beyden Seiten der Alleen stehen Palläste, deren Bewohner theils schon auf dem Lande, theils noch an den Toiletten waren. Nur hier und da stand eine Dame auf dem Balkon in einem Negligé, das ihr Stunden gekostet hatte, und sah einem jungen Herrn nach, der entweder auf einem flüchtigen Engländer oder in einem schimmernden Cabriolett sausend vorüberflog. Unter ihren Füßen gingen stille Bürgerfamilien, die schon seit einer Stunde zu Mittag gegessen hatten, vorüber nach den Champs Elisées, während andere nach der entgegengesetzten Richtung in die rauschenden Theile der Boulevards hinunter strömten. Buden, Kaffeehäuser, Garköche waren hier noch selten und nur in der Gegend des Théatre Italien fand ich dergleichen. — — Es war vier Uhr und die Strömungen der Spaziergänger wurden immer lebhafter. Ich mischte mich wieder unter sie und schlug eine neue Station ein. Das Getümmel war in der Allee zur Rechten stärker, als in der zur Linken, und die Bewegungen waren schneller, weil hier viele Bäume theils ausgegangen, theils noch nicht sattsam angewachsen waren, um vor der Sonne zu schützen. Dieß ging fort, bis zur Straße Montmartre, wo die linke Seite größere Bäume und mehr Schatten darbot. Ich eilte im Flug hinüber, weil hier schon Wagen auf Wagen und Kabriolett auf Cabriolett die mittelste Allee hinauf und hinunter fuhren. Hier wurden auch die Krämerbuden und Krämertische aller Art schon häufiger. — — Ich wußte nicht ob ich hören, oder sehen, ob ich lachen oder weinen, oder alles zugleich sollte. Diese lärmende Stelle ist zwischen der Straße Poissonnière und dem Thore St. Denis." Doch es ist unmöglich, das ganze bewegliche Gemählde hier zu kopiren.

„Der Garten der Thuilerien war von jeher der Sammelplatz der großen und feinen Welt von Paris, und die Spatziergänger in demselben waren desto erlesener, je näher damals der Hof noch war und je öfter der König und die ganze königliche Familie dahin kamen. Unter Heinrich IV. wimmelte er zu jeder Tageszeit von Herren und Damen und der Luxus, der damahls schon tiefe Wurzel gefaßt hatte, zeigte sich dort in seinem ganzen verführerischen Schimmer. Dieser Garten war der Lieblingsspaziergang Heinrichs IV. und noch den Morgen des Tages, wo er ermordet wurde, war er in demselben. Unter Ludwig XIV. stieg der Garten an Glanz und war fast ausschließend für den Hof und was damit zusammenhing. Er wurde erweitert, verschönert, wie alles, was dieser König in seinen Schutz nahm. Er war die Schule des Luxus in Kleidung und Equipagen, und man kann keinen Schriftsteller der damahligen Zeit lesen, worin man nicht seiner mit Extasen erwähnt fände. Er steht jetzt *) für jedes

---

*) Schulz's Werk: Ueber Paris und Pariser kam 1791 heraus.

Alter, für jeden Rang und jeden Stand offen. — Sein geräumiges Lokale, das Tausenden von Spatziergängern freyen Umlauf bot, seine schattigen Alleen und seine abwechselnden Aussichten nach der Seine und auf den Weg nach Versailles, waren es nicht allein, was das Getümmel in demselben unterhielt. Von den fünf Alleen desselben nehmen die dunklern zwey Drittheile des Gartens ein. Die Bäume sind alt, hoch und so enge gepflanzt, daß kein Sonnenstrahl zwischen selbige hinabdringen kann. Die mittelste Allee und die Nebenalleen auf beyden Seiten sind heller und haben die meisten Spatziergänger. An den Bäumen stehen Stühle und Bänke zum Niedersitzen. Die fünf Alleen, drey in der Mitte und zwey auf jeder Seite des Gehölzes, ausgenommen, stehen die übrigen Bäume bunt unter einander und sind der Schnur nicht unterworfen worden.

Unter denselben sind hier und da Rasen=
stücke angebracht, die gewartet und begos=
sen werden und beständig ein frisches Grün
darbieten. Auf denselben sitzen oder lie=
gen Gruppen von Spaziergängern beyder=
ley Geschlechts und spielen kleine Spiele
oder lesen einander vor, oder schwärmen
Kinder mit ihren Wärterinnen umher oder
schlafen Menschen von niedrigern Klassen.
Diese ländlichen Parthien machen einen
angenehmen Kontrast mit dem großstädti=
schen Prunk in den Hauptalleen, der sich auf
sandigen Wegen schauträgt oder zur Schau
setzt:" Ich muß die Angabe der Statüen,
Kaffeehäuser, Traiteurs, so wie der Be=
suchszeiten u. s. f. dieses Gartens über=
gehn.

Von dem Platz Ludwig XV., dem
größten in Paris, „tritt man sogleich in
das reitzende Wäldchen, das die entzück=
ten Pariser, denen ein frischer Rasen et=

was neues ist, die Elisäischen-Felder nannten. Wo man hinsieht, läuft eine Allee vor Einem hin: zur Rechten, zur Linken, gerade aus, schräg hinein. Der Theil zur Rechten ist der besuchteste und hat ein vornehmeres Publikum, als der zur Linken. Hier findet man Kaffeehäuser, Traiteurs, die feinere Waaren liefern, als gegenüber die Garküchen, Weinhäuser und Bierschenken. Das Publikum auf dieser Seite geht still auf und ab und wird nur an den Abenden schöner Tage zahlreich. Besorgte Mütter und Väter kommen mit ihren Töchtern und Söhnen hierher und bilden kleine Zirkel in den Alleen, die weder sehr bunt, noch sehr glänzend, aber dafür desto heiterer sind. Die große Welt sieht dieß Wäldchen nur und steigt selten aus ihren schimmernden Karossen, die den Weg zwischen demselben auf und ab fliegen. Das Wäld-

chen zur Rechten wird von Gärten begränzt, die mit artigen Pavillons, mit
Grotten und Felsenklüften besetzt sind und
das Ganze sehr angenehm und romantisch
machen. Am angenehmsten ist dieß Wäldchen Morgens, aber oft habe ich um diese
Zeit nicht zehn Menschen hier gefunden."

„Auf der linken Seite sind die Alleen
nicht so schön, als auf der rechten, aber
hier, besonders höher nach den Barrieren
hinauf, findet man große Rasenplätze, die
des Sonntags von Bürgern und ihren Fa-
milien besetzt sind. Sie lagern sich entweder in großen Gesellschaften umher, und
lassen das junge Volk um sich herumsprin-
gen, oder sie spielen selbst Ball mit ihnen,
oder ihr beliebtes Kugelspiel. Dieß Spiel
ist sehr alt und sehr unschuldig, und wird
von den gemeinen Leuten Cochonnet genannt. Man wirft eine kleine Kugel aus,
und wer mit der größern am nächsten dar-

an zu stehen kommt, zieht den Gewinnst. Eine doppelte Reihe von Zuschauern ergötzt sich bloß mit Zusehen, und ihr Interesse beym Spiel ist der Krieg der großen Kugeln, die einander wegstoßen, um der kleinsten am nächsten zu seyn. Dieß Spiel ist so einfach und gutmüthig, als der Charakter des Parisischen Bürgermannes selbst, der sich unter der fürchterlichsten Masse von Verderbtheit, in seiner alten Offenherzigkeit, Gutmüthigkeit und Gefälligkeit zu erhalten gewußt hat. Von dieser Seite ist für mich die ärmere Hälfte der Champs Elisées weit anziehender gewesen, als die vornehmere."

„Der Garten des Palais Luxembourg hat wiederum in Absicht seines Lokale und seines Publikums manche Eigenheit, die ihn nicht minder merkwürdig macht, als die Tuilerien. Man geht über den ganzen Hof und tritt in ein prächtiges Vestibüle, das in den Garten selbst führt. Vorwärts breitet sich ein einfaches, aber geschmackvoll gezeichnetes Parterre aus, das mit Blumen und Stauden aller Art besetzt und mit hohen Buchsbäumen eingefaßt ist. Auf beyden Seiten desselben verliert sich das Auge in dunkle Alleen, die den Alleen der Tuilerien nichts nachgeben, und diese sind der Sammelplatz der Spaziergänger, die hierher kommen. Ihre Anzahl ist an keinem Tage und zu keiner Tageszeit stark. Es scheint der Garten des Nachdenkens zu seyn. Hier sieht man zwey bis drey stille Männer sitzen, die bescheiden sprechen und streiten. Dort sitzen andere einzeln, mit einem Buche oder einer Schreibtafel in der Hand. In jene Allee laufen andre eiligst, und wie vom Dichtergeiste geplagt hin und her. Hier spielen Kinder auf dem grünen Rasen und Mütter und Ammen sind in ihrer Mitte gelagert; dort sitzt eine Gesellschaft ältlicher Damen, die einander entweder vorlesen oder stricken oder sonst etwas um die Hand nehmen. Ganz im Hintergrunde stiehlt sich ein zärtliches Paar umher, das vielleicht aus dem entferntesten Viertel der Stadt eine Bestellung hieher verabredet hatte. Alles ist ruhig, heiter und genügsam."

Die weitere Ausführung des ganzen lehrreichen Gemähldes der öffentlichen Spatziergänge zu Paris, z. B. die interessante Beschreibung des durch die mannigfaltigsten Naturschönheiten aus allen Weltgegenden anziehenden Iardin du Roi oder des Plantes, wo des großen Büffons Statüe steht, muß man bey Schulz selbst nachlesen. In den Reisen eines jungen Lieflanders erhielt das Publikum eine Beschreibung der öffentlichen Spatziergänge von Warschau, Ber-

lin und Wien durch dieselbe Meister-
hand.

Dieser würde aber mehr schauerlich seyn. S. 101. Z. 6. Von dieser Art sind die schönen Gärten zu Poggi in Genua, die Dûpati (in den Briefen über Italien Band I, Seit. 50. ff.) beschreibt. In ihnen zeigt sich zugleich ein Muster schöner Gartenkunst. Man höre Dûpati selbst. „Die schönen Gärten zu Poggi gleichen nicht jenen symmetrischen Gärten, die der Hochmuth bestellt, und die Baukunst ausgeführt hat; nicht jenen Gärten, wo unter der einförmigen, despotischen Zucht der Scheere, des Rechens und der Schnur, jedes Beet nur eine Blume, jeder Gang nur einen Baum, jeder offene Platz nur einen Weg, und alles nur eine Masse darstellt; nicht jenen Gärten, wo das Wasser in ungeheuren Becken zum ewigen Schlaf und zum Schweigen verurtheilt ist; nicht jenen Gärten endlich, die, so groß ihr Umfang ist, nur für eine Stunde, einen Gang von hundert Schritten und einen flüchtigen Blick gemacht worden sind."

"Statt dessen hat der Genius dieser Gärten alles hingezaubert, was Kenntniß und Liebe der schönen Natur ihm eingeben können, um das Auge, die Phantasie und das Herz zugleich, durch zarte Rosenbetten, durch Wasser und Erde, durch Blumen und alle Schattirungen von Grün im mannigfaltigen Sonnenstrahl zu entzücken."

"Der Umfang dieser Gärten ist unbeträchtlich; die Kunst besteht darin, ihn nicht auf einmahl darzulegen, sondern vielmehr so haushälterisch zu verheelen, daß jeder Schritt neue Räume, jeder Blick neue Gegenstände findet, bey denen sich die Seele in süßen Träumereyen wiegt. Es giebt keine Blume im Garten, die nicht einen Schauplatz hätte, wo sie glänzen soll; kein Tröpfchen Wassers, das nicht sein Daseyn durch Bewegung und Geräusch verkünde; keinen Baum, der nicht ins Auge falle, und gleichwohl keinen einzigen, der sich aufzudringen schiene. Die Hütte dort, diese Grotte, jene Heerden in der Ferne und so manchen andern Gegenstand, den man von ungefähr erblickt, hat die Phantasie, die hier alles ordnete, mit Vorbedacht dahingestellt. Mitten in einem Garten das täuschende Bild der ländlichen Natur! Wer könnte je des Umherwandelns hier müde werden?"

„In diesen Gärten herrscht vorzüglich das ernste, dunkle Grün, welches die ekle Wahl der andern Jahreszeiten dem Winter übrig ließ, das Grün der Kiefern und Tannen, der Lärchen, Cypressen und immergrünenden Eichen. Doch der Ernst dieses winterlichen Waldes gattet sich mit dem lachenden Farbenspiel der Frühlingsstauden, mit dem glühenden Laube des Herbstgebüsches und der stolzen Pracht der schattenreichen Bäume des Sommers; die Nachbarschaft der Lilas, der Linden und Platanen erheitert jene melancholischen Schatten. Unsere Blicke ruhen sanft, und keine Wolken trüben unsere Phantasie in diesem ehrwürdigen Hayn, der seinem Besitzer ähnlich ist. Gedanken und Gefühle des Alters sind der Grundton, auf welchem noch zerstreute Erinnerungen der Vorzeit, wie holde Frühlingsblüthen in voller Lieblichkeit glänzen. *)

---

*) Diese Gärten legte ein ehemaliger Doge von Genua an, ein ehrwürdiger, welterfahrner und philosophischer Greis, dem,

Schon von dem herrlichen Klima Italiens lassen sich die reitzendsten Gärten nirgends anders als in diesem schönen Lande erwarten. „Die Natur, sagt der geistvolle Verfasser der **Darstellungen aus Italien** (Seit. 238. u. ff.), welche Italien die besten ihrer Gaben verliehen hat, beut allenthalben ihre milde Hand dar, um hier die hohe Schönheit und den gefälligen Reitz der Anlagen im großen Geschmack zu vervollkommnen. Sie hat so viel für diese Gegenden gethan: zur Darstellung eines vollkommnen Ganzen ist nur eine geringe Nachhülfe der Kunst nöthig. — Viele, an der Hand der Freundschaft genoßne frohe Abendstunden, wenn nach vollendeten Wanderungen zu den Werken der Kunst und des Alterthums, die Geistes-

<small>wie sich Düpaty ausdrückt, von dem Nobile, dem Erdogen, dem Senator, nur der Mensch noch übrig blieb.</small>

kräfte Abspannung erforderten, und nach ausgestandner Hitze des Tages, dort, in Roms Gärten und Parks von Villen in diesem Geschmack, die kühlen Schatten zur labenden Ruh einluden, verlebte ich in den, bey ihrer hohen Lage eine weite Aussicht über Rom und die Gegend umher beherrschenden Villen Medicis und Millini; in den erhabnen Eichen- und Pignengängen der Villa Pamfili; in der prachtvollen, in ächt römischem Geschmack angelegten Villa Albani; und in den melancholisch dunkeln Cypressen- Lorbeer- und Myrtengängen der Villa Negroni*) — und vor

*) Die Frucht einer in der melancholisch schönen Villa Negroni verlebten Stunde hoher Begeisterung ist des Herrn von Ramdohr kurze Beschreibung dieser Gärten und der herrlichen Baumpartie des Michel Angelo auf dem nahen Hügel.

allen in dem herrlichen Park der Villa des Fürsten Borghese, dieses edlen Beförderers der Künste und des guten Geschmacks. Das ungleiche Terrain des großen Parks der Villa, ist in den Anlangen höchst glücklich genutzt. Der stolze und üppige Wuchs der Eiche, des Platans und der Pigne, unterscheidet sich hier von der ganzen nahen Gegend um Rom. Nie verläßt man diese Gärten, ohne Entdeckungen neuer Schönheit und Größe in den einzelnen Parthien; nie ohne Sehnsucht nach der nächsten Wiederkehr in diesen erhabnen Eichenhain, in die Pignen- Cypressen- und Lorbeergänge, zu den mahlerischen Springbrunnen, und zu dem kleinen See eines Thales, das sich sanft an einem Hügel herabsenkt. In dem stillen Wasserspiegel dieses romantischen Sees, stellt sich das Bild der von der Abendsonne gerötheten Wipfel der alten

Eichen, wovon er ringsum überschattet
wird, verschönert dar; auf einer kleinen
Insel in seiner Mitte erheben sich ein Paar
dieser ehrwürdigen Bäume. — Nichts
ist wohlthätiger, als das einsame Verweilen in der Stunde des anbrechenden, oder
des sinkenden Tages, in diesem Park, und
vor allem an dieser letztbezeichneten Stelle
des Sees im Thal. Wie dann der Anblick dieser stillen Oberfläche des spiegelkla-
ren Wassers, gesichert durch seine Lage im
Eichenthal gegen den Sturm, so jeden
Gedanken an Vergangenheit und Zukunft
begünstigt, und ihn, wie seine Spiegel
das Bild der hohen Eichen umher, hebt
und verschönert zurück giebt! —

Um so mehr Achtung verdient
jemandes Humanität, wenn er,
mit diesem Sinne für die Natur, das Vergnügen seines Gar-

tens mit der übrigen Welt theilt. S. 102. Z. 16. Als Muster einer solchen Humanität erscheint der Fürst Borghese nach dem Edikt, das er durch den Aufseher seines Parks ergehen und in dem Park selbst zur Versiegelung der unbedingten Freyheit für das Publikum anschlagen ließ:

Ich, der Aufseher der Villa Borghese Pinciana mache Folgendes bekannt: „Wer du auch bist, nur sey ein „freyer Mann! fürchte der Gesetze Fes„seln hier nicht! Geh, wohin du willst, „pflücke, was du willst; wann du willst, „entferne dich wieder. Für die Fremdlinge „mehr, als selbst für den Eigenthümer, ist „hier alles bereitet. In der goldnen Zeit, „die eine allgemeine goldne Sicherheit ver„heißt, will der Herr des Hauses keine ei„serne Gesetze gegeben haben. Der an„ständige freye Wille sey dem Gastfreund

„hier Gesetz. Derjenige aber, welcher bos=
„haft und vorsätzlich der Urbanität goldnes
„Gesetz verletzet, fürchte, daß der erzürnte
„Aufseher ihm der Gastfreundschaft gehei=
„ligte Zeichen zerbreche."

Uebrigens wurden die Gärten
dem französischen Dichter Delille Gegen=
stand eines, unter diesem Namen bekann=
ten und von Herrn M. Voigt in einer
glücklichen Nachbildung auf deutschen Bo=
den verpflanzten Gedichts.

Nester von ganzen Kutschen.
S. 116. Z. 3. Man lege es dem Ver=
fasser nicht zur Last, wenn er mit seiner
Erwähnung der ganzen Kutschen manchem
Leser nur aus den deutschen Antiquitäten
zu sprechen scheint. Bey den reißenden
Fortschritten unserer Aufklärung ist es für
Schriftsteller unmöglich, mit ihr gleichen
Schritt zu halten. Der deutsche Geschmack

in Fahrzeugen zu Lande hat den langen Weg zur Aufklärung der dichten Wälder großmütterlicher Trachten in — reine Natur mit Blitzesschnelligkeit zurückgelegt. So ätherisch, wie die körperlose Bekleidung der schönen Welt, ist jetzt auf Spazierfahrten auch das elegante — Fuhrwerk; nur mit dem Unterschied, daß jene in einem rauhen Klima, bey strenger Jahreszeit und unfreundlichem Wetter bloß der Gesundheit; eine russische Droschka auf Spazierfahrten aber auch der Bequemlichkeit und dem Vergnügen Abbruch thut. Darin sind sich dagegen die ganzen, zugemachten Kutschen und die neumodischen Droschken ganz gleich, daß diese von den umgebenden Gegenständen, welche jene dem Anblick entziehn, (durch ihren wenigen Kern und Schutz) die Aufmerksamkeit des Fahrenden auf sich ziehn.

Sie sind bey der schwebenden, sanften Bewegung, in offnen Fahrzeugen, wo man die Aussicht auf die ganze umliegende Natur hat, ungemein angenehm. S. 118. Z. 2. Eine der anmuthigsten Lustfahrten zu Wasser, die nur das reizende Land, wo die Zitronen blühn, darzubieten vermag, hatte der berühmte Verfasser der Nachricht von dem gegenwärtigen Zustande der ehemahligen Villa des Plinius (Siehe Allgem. Literaturzeit. zu Anfang des zweyten Bandes vom Jahr 1802) auf dem, diese zum Theil noch erhaltene Villa begränzenden Comersee. Ich schicke zuförderst die Schilderung des Lokals von dem großen Kunstkenner und Dichter voraus.

„Die ganze Gegend umher ist wasserreich; in der mannigfaltigsten Abwechselung stürzen sich Wasserfälle von den Felsen; Häu=

ser, Mühlen und Dörfer sind daran hingebaut, in Lagen und Gruppen so sonderbar und doch so lieblich, wie kein Mahler sie je glücklicher gedacht hat. Ueberhaupt können die Aussichten vom Comersee für ein wahres Compendium der poetischen Landschaftsmahlerey gelten. Die Berge sind hoch, felsig, und doch nicht nackt, sondern fruchtbar; mit Städtchen, Dörfern, Kirchen und Landhäusern wie besäet. Bald kleben diese an schroffen Felswänden, bald sind sie in Buchten eingeschlossen, auf einem schmalen, angespülten ebenen Plätzchen des Ufers, bald liegen sie niedrig, in fruchtbaren Gründen, oder am abhängigen Rücken der Berge, lustig mit grünenden Wiesen umgeben. Mehrere Ortschaften sind um und an die großen Wasserbäche gebaut, die wunderbarlich, sich durch Felsklüfte stürzen. Die Einwohner nennen eine solche Kluft Orrido, sie werden für die größten Merkwürdigkeiten dieser Gegend geachtet und nicht ohne Eitelkeit will jede Ortschaft ihren Orrido als den größten, tiefsten u. s. f. angesehen wissen."

Und nun die Darstellung der Luftfahrt selbst. „Der Abend war jetzt gekommen und wir schickten uns zur Abfahrt an. Sanfte Winde wiegten den Nachen, die Sonne streute lebendiges Gold in die Wellen, still und feyerlich vernahm man das leise Rauschen der Wasserfälle, wovon weder das Geflüster der Blätter im nahen Lorbeergebüsch, noch die Stimmen entfernter Vögel, die im fröhlichen Chor sangen, überstimmt wurden. Wie von Zauber ergriffen, säumten wir, um scheidend uns noch an dem Anblick des schönen Orts zu ergötzen. Kaum merklich wankten die Spitzen der hohen Cypressen, die am Berg über der Villa stehen, und im höherliegenden Hayn waren nur die Wipfel der Bäume beleuchtet, das übrige stand in abendlichem Schatten, kaum brach hier und dort ein Strahl durch die Blätter und beglänzte einzelne Stämme. Weiterhin lagen die Absätze des Berges, mit fruchtbaren Lauben von Weinreben bedeckt, zwischen welchen, herrlich angeglänzt, an Stamm und Krone, hohe Pignen emporragten und dem Contour des Bildes gegen die heitere Luft, die anmuthigste Mannigfaltigkeit gaben."

„Der Mond war aufgegangen und spiegelte sich, mit dem ganzen Heer der Sterne, in der stillen Flut, tiefe Ruhe herrschte bald über der ganzen Scene, man vernahm nur das Getös der Wasserfälle, oder, näher vorbeyfahrend, das Klappern rastloser Mühlen und zuweilen die Stimme eines wachsamen Hundes, dem die Echo, vom jenseitigen Ufer her, antwortete.

Unsere Schiffer sangen, zum Tacte der Ruderschläge, nach wohl hergebrachter Landessitte, Volkslieder, mit leisem, feyerlichem Ton, deren Inhalt ich aber, wegen der verdorbenen Mundart, nicht vollkommen verstehen konnte. Eines, das sich durch die Anmuth der Melodie vorzüglich auszeichnete, pries die Seligkeiten glücklicher Liebe, mit wahrhaft rührender Naivetät."

Wer erinnert sich nicht hierbey an Rousseaus Liebe für Lustfahrten zu Wasser; an dessen häufige Lustfahrten auf dem Genfer= Bielersee u. a.

Berge. S. 128. Z. 2. Spatziergänger, die sich den Eindrücken der Natur nicht bloß blind hingeben, sondern mit vollem Bewußtseyn der Gründe ihres Vergnügens zu lustwandeln wünschen, können das Eigenthümliche von den Schönheiten der Gebirgsgegenden in der trefflichen Garveschen Abhandlung darüber (Siehe Garve's vermischte Aufsätze, Theil II, Seit. 143. u. ff.) entwickelt finden. Man hat dem verewigten Verfasser dieser Abhandlung in Absicht derselben nicht genug Gerechtigkeit wiederfahren lassen. Wenn Garve darin das Individuelle, so wie den ganzen Totaleindruck von Gebirgsgegenden nicht angiebt: so ist das nicht seine Schuld. Beyde lassen sich von keinem Schriftsteller, lassen sich durch keine Sprache darstellen. Eher wäre noch ihre Darstellung ein Gegenstand der Mahlerey, obgleich auch sie die Natur in ihren flüchtigern Erscheinungen, die dabey mitwirken, durchaus nicht erreicht. Auch Garve'n kommt in dieser Hinsicht das Seite 120 und 162, 163 Gesagte zu gut. Man muß in der Lektüre der Garve'schen Abhandlung die einzelnen

Momente seiner Entwickelungen zusammen=
fassen, wie sich ja von selbst versteht.

Von einem Luftschiff herab
durch ein Fernrohr betrachtet,
machten sie unfehlbar diesen wi=
drigen Eindruck. S. 129. Z. 7.
Nur aus dem Gesichtspunkte eines mensch=
lichen, über dem ihm gerade zugekehrten
Punkte der Erdoberfläche schwebenden Be=
trachters; nicht auch in Absicht des Gan=
zen der Erde, läßt sich dieß mit Wahrheit
sagen. Da der höchste Berg der Erde
noch keine deutsche Meile hoch ist: so be=
trägt er kaum den tausendsten Theil ihres
Halbmessers (von 860 Meilen), und ist
also gegen die ganze Erde immer nur wie
ein Punkt anzusehn.

Der Aetna. S. 131. Z. 3. Ich
gebe hier als Gegenstück zu Rousseaus

schöner Stelle, worin er den Aufgang der Sonne beschrieb, und zur Bestätigung des im Text Gesagten aus Brydone's Reise durch Sizilien und Maltha (Theil I, Seit. 153.) die Beschreibung des Sonnenaufgangs, wie er auf diesem höchsten Punkte in der alten Welt erscheint. „Diese erstaunliche Höhe über der Fläche der Erde, die sich hier gleichsam in einen einzigen Punkt zusammenzieht, ohne einen andern benachbarten Berg, auf welchem Auge und Einbildungskraft auf ihrer Reise in die Welt hinunter hätten ausruhen und sich von ihrem Erstaunen erholen können! Diese Spitze, die sich am Rande eines bodenlosen Schlundes erhebt, der so alt als die Welt ist, und oft Feuerströme und brennende Felsen, mit einem die ganze Insel erschütternden Donnern auswirft; und endlich, von dieser Spitze, die unumschränkteste Aussicht auf die verschiedensten und schönsten Scenen in der Natur; sammt der aufgehenden Sonne, die nach Osten eilet, um diesen wunderbaren Schauplatz zu erleuchten: welche Gegenstände!

Die ganze Atmosphäre entzündete sich nach und nach, und zeigte uns, doch nur schwach, die gränzenlose Aussicht um uns her. — See und Land sahen noch finster und verworren aus, als ob sie erst aus ihrem ursprünglichen Choas hervorkämen, Licht und Finsterniß schienen noch nicht geschieden, bis endlich der Morgen anbrach, und die große Scheidung vollbrachte. — Die Sterne verloschen, die Schatten verschwanden, die Wälder, die uns zuvor tiefe, finstere Abgründe geschienen hatten, von welchen kein Strahl zurückkam, um uns ihre Gestalt und Farbe zu zeigen, stellten sich uns als eine neue Schöpfung dar, die von einem Augen-

blicke zum andern immer lebendiger und
schöner ward. — Die Scene erweiterte
sich immer, der Horizont dehnte sich von
allen Seiten aus, bis die Sonne, gleich
dem großen Schöpfer, in Osten erschien,
und mit ihren belebenden Strahlen das
erhabene Schauspiel vollendete. — Alles
schien ein Zauber zu seyn, und wir konnten kaum glauben, daß wir noch auf Er-
den wären. Unsere an solche Gegenstände
nicht gewöhnten Sinne waren betäubt und
verwirrt, und erst nach einiger Zeit fan-
den wir uns vermögend, sie von einander
zu unterscheiden und davon zu urtheilen.
Zwischen uns und der Sonne, die aus
dem Meere zu steigen schien, lagen uner-
meßliche Flächen See und Land; die Lipa-
rischen, Panarischen, Alicudischen Inseln,
und Strombolo und Volcano lagen mit
ihren rauchenden Gipfeln unter unsern
Füßen; auf ganz Sicilien sahen wir wie

auf eine Landcharte herab, und konnten jeden Fluß in seinen Krümmungen, von seiner Quelle bis zur Mündung verfolgen. Die Aussicht ist auf allen Seiten schlechterdings gränzenlos; kein einziger Gegenstand im ganzen Gesichtskreise, der sie unterbrechen könnte; das Auge verliert sich allenthalben im Unermeßlichen, und ich bin versichert, nur die Unvollkommenheit unserer Augen war Schuld, daß wir die Küsten von Afrika, ja selbst von Griechenland, nicht entdeckten." Man hat gegen die Glaubwürdigkeit Brydone's in Beziehung auf diese Beschreibung des Sonnenaufgangs auf dem Aetna Zweifel erregt, hat behauptet, Brydone sey nicht selbst auf dem Aetna gewesen und habe den Sonnenaufgang darauf nicht gesehen. Allein die Gründe dieser Behauptung sind zum Theil seltsam genug. Brydone hatte einer tausendjährigen Eiche in der

mittelsten Region des Aetna erwähnt, und
ein anderer kluger Kopf hatte da keine
tausendjährige Eiche gesehen. Daraus
folgt: Brydone war nicht auf dem
Aetna. — Brydone mißt es bloß der
Schwäche seiner Augen bey, daß er auf
dem Aetna die Küsten von Afrika, ja von
Griechenland, nicht gesehen habe. Daraus
folgt: er war nicht auf dem Aetna. —
Brydone's Schilderung des Sonnenaufgangs auf dem Aetna ist ein Kind der
Phantasie; daraus folgt: Brydone
war nicht auf dem Aetna. — Was soll
man zu solchen vernünftigen Schlüssen sagen? Da sie indeß, ihrer Erbärmlichkeit
ungeachtet, fähig waren, das Ansehen eines Mannes, für dessen Glaubwürdigkeit
so viel kleine Umstände in seinem Werke in
Beziehung auf den Aetna sprechen, welche
sich nicht erdichten lassen, so ist es wohl
der Mühe werth, sie etwas näher zu be-

leuchten, um sie in ihrer ganzen Nichtigkeit zu sehn. Gerade darin, daß Brydone eine zur Schilderung eines so grossen und einzigen Schauspiels, als der Sonnenaufgang auf dem Aetna, fähige Phantasie besaß, besteht ja das nicht gemeine Verdienst seiner Schilderung selbst in Absicht auf Wahrheit. Man darf sich nur den Aetna und seine geographische Lage denken, um jeden Zug in dem Gemählde nothwendig zu finden, und man würde selbst dann, wenn es nur ein Produkt der bloßen Einbildungskraft eines Mannes wäre, der den Aetna nie gesehen oder doch auf dem Aetna die Sonne nicht aufgehen gesehen hätte, die Wahrheit desselben anerkennen müssen; so ganz folgt alles aus der Natur der Sache selbst, mit so viel Lebendigkeit ist Alles aus der ganzen Situation gesehn. Brydone macht so viel physische, botanische u. a. Beobachtungen über den Aetna, für deren entscheidende Beglaubigung es aber seinen Tadlern sogar an Sinn fehlt. — Ein so großer Naturfreund und eifriger Naturforscher wird sich, in der unmittelbarsten Nähe des interessantesten Schauspiels (am Aetna), dasselbe muthwillig entziehn, und den Sonnenaufgang auf dem Aetna nicht sehn! — „Aber er behauptet, man könne die Küste von Afrika, ja selbst von Griechenland auf dem Aetna sehn." Als sagte er damit: er habe sie selbst gesehn! — Und selbst wenn er dieß sagte: hätte er sich dann in so ungemeßnen Fernen, welche nur die Phantasie geistloser Menschen nicht in das regeste Spiel zu versetzen vermöchte, nicht selbst täuschen können? —

Wie sollte dieß auch nicht das stolze Bewußtseyn, in den höhern Regionen der Erde, im

Angesicht des Himmels zu wandeln. S. 133. Z. 1. Wer könnte wohl bey der schönen Strophe in Matthissons Alpenwandler (Gedichte Seit. 71.) nicht mitfühlen:

> Hier wo die Seele stärker
> Des Fittigs Hülle dehnt.
> Hoch über Erd und Kerker
> Emporzuschweben wähnt,
> Geläuterter und freyer
> Der Sinnenwelt entflieht,
> Und schon, im Aetherschleyer,
> An Lethe's Ufern kniet.

Felder. S. 149. Z. 3. In der lateinischen und französischen Georgik (Virgils und Delille's Gedichten über den Landbau, in Thomsons Jahrszeiten und Vossens Luise, Vossens Idyllen, Göthe's Herrmann und Dorothea) findet man poetische Darstellungen zur Belebung der Gefühle für Land und Feld.

Wald. S. 152. Z. 1. Auch über diesen Theil der Naturschönheiten hat sich der menschliche Forschungsgeist verbreitet. Gilpins auf deutschen Boden verpflanztes Werk über Waldscenen, so wie dessen, gleichfalls ins Deutsche übersetzte: Bemerkungen vorzüglich über mahlerische Naturschönheiten auf einer Reise durch verschiedene Gegenden von England und Schottland, sind jedes hierüber ein klassisches Werk.

Um alles mögliche Vergnügen von Spaziergängen im Walde, so wie auf Wiese und Flur zu ziehn; bedarf man Kenntniß der Botanik. S. 159. Z. 9. Rouseau, der alle humanen Verhältnisse und Lagen des Lebens mit seltner Empfänglichkeit durchgefühlt hat, der Blumen und Kräuter auf einsamen Spatziergängen noch in dem der Natur entfremdenden Tumult des Lebens und dem Menschendrang von Paris mit Liebe umfing, setzt in seinen, der Betrachtung solcher Verhältnisse und Lagen vorzüglich gewidmeten und gewöhnlich hinter den ersten zwey Bänden der Confessions befindlichen Rêveries du promeneur solitaire auch die humane Seite der Kräuterkunde, diejenige von welcher er sie selbst ansah und betrieb, ins Licht. Nachdem er in der siebenten Promenade die daher entstandene falsche Ansicht der Kräuterkunde, weil ihr Gebrauch in Apotheken sich der Aufmerksamkeit eines verschrobenen und ununterrichteten Publikums nur noch aufdringt; nachdem er das Armselige der Liebhaberey an

Mineralien, die ohne Chemie immer nur eine geistlose Beschäftigung prahlender Reichen bleibt, so wie ohne Anatomie das Unfruchtbare, und mit Anatomie das Widrige der Beschäftigung mit dem uns sonst näheren Thierreich (Zoonomie)*) für den bloßen Menschen (nicht für den Gelehrten und die Wissenschaft) berührt hat, geht er zur humanen Betrachtung der Pflanzen über. „Die Pflanzen", fährt er fort, „scheinen mit gleicher Verschwendung über die Erde gestreut zu seyn, als die Sterne über den Himmel, um den Menschen durch den Reiz des Vergnügens

---

*) Auch an dem Thierreich läßt sich ein rein humanes, nicht bloß gelehrtes Interesse denken und nehmen. Es würde in Erforschung ihrer Neigungen und Triebe bestehn. Nur ist sie ein mühsames Geschäft, erfordert Zeit und Aufwand, und die vereinigten Beobachtungen mehrerer Naturforscher über die Thierwelt. Büffon hat in dieser Hinsicht vieles Verdienst.

zu der Erforschung der Natur einzuladen.
Aber die Gestirne sind in weit größere
Entfernung von uns gestellt. Es bedarf
einer Menge Vorkenntnisse, Werkzeuge,
Maschinen, mit einem Worte, sehr langer Leitern, um zu ihnen hinaufzusteigen
oder sie uns näher zu bringen. Die
Pflanzen hingegen sind uns dieses schon
von Natur. Sie sprossen unter unsern
Füßen und gewissermaßen unter unsern
Händen hervor; und wenn ihre Kleinheit
sie bisweilen dem bloßen Auge entzieht, so
können sie demselben durch weit leichter zu
behandelnde Instrumente wieder unterworfen werden, als diejenigen sind, welche
die Beobachtung der Gestirne erfordert.
Die Kräuterkunde ist das Studium eines
müßigen und unthätigen Einsiedlers. Ein
Stecheisen und ein Vergrößerungsglas sind
alles, was er zu Beobachtung derselben
braucht. Er schlendert umher, irrt sorg-

los von einer Pflanze zur andern, nimmt jede Blume mit Neugierde und Theilnahme in Augenschein, und genießt, so wie er nur anfängt die allgemeinen Gesetze ihres Baues zu fassen, bey der Beobachtung derselben ohne die geringste Anstrengung, ein eben so großes Vergnügen, als ob er noch so viel Mühe und Zeit darauf verwendet hätte. Es liegt in dieser müßigen Beschäftigung ein Reiz, den man freylich nur in der vollkommenen Stille aller Leidenschaften empfinden kann, der aber dann auch allein hinreicht, das Leben glücklich und angenehm zu machen. Sobald sich indeß hierzu irgend ein Beweggrund des Eigennutzes und der Eitelkeit gesellt, es sey nun, um sich ein Ansehen zu geben, oder ein Buch zu schreiben; kurz sobald man nur lernen will, um Andere zu unterrichten, sich mit Pflanzen nur beschäftigt, um Schriftsteller oder öffentlicher Lehrer zu werden: sobald verschwindet all jener süße Reitz. Man sieht in den Pflanzen nichts mehr als die Werkzeuge unserer Leidenschaften, findet kein wahres Vergnügen mehr in ihrer Erforschung; man will nicht mehr lernen, sondern nur zeigen, wie viel man weiß, und ist mitten im Gehölze gleichsam schon gewissermaßen auf der Bühne der Welt, und einzig und allein mit dem Gedanken sich daselbst bewundert zu sehen, beschäftiget. Schränkt man sich aber auf die Botanik des Zimmers, oder höchstens etwa des Gartens ein, und beschäftigt sich, Statt die Pflanzen in der Natur zu beobachten, nur mit Lehrgebäuden und willkührlichen Anordnungen: so giebt das bloß zu ewigen Streitigkeiten Anlaß. Auf diese Art wird die liebenswürdigste Kenntniß ihres ursprünglichen Reitzes beraubet, und in das Treibhaus der Städte und Akademien verpflanzt, wo sie, gleich ausländischen Gewächsen in den Kunstgärten, nur ausartet."

Auch dichterisch hat diesen Stoff der Engländer Darwin in seinem Gedicht **the botanic Garden** behandelt, dessen erster Theil die Lehrsätze der allgemeinen Physik und Chemie enthält, der zweyte sich ganz mit Botanik beschäftigt. Garve gab davon in der neuen Bibliothek der schönen Wissenschaften (Band 61, Stück 1.) einen Auszug. Darwin arbeitet jetzt an einem Gedicht: Der Tempel der Natur. Man vergleiche hierbey, was **Herder in den Briefen zur Beförderung der Humanität** (vierte Samml. Brief 45, Seit. 72.) über **Botanische Philosophie** sagt.

Die mannigfaltigen Scenen der Natur, wodurch sie aus einem ihrer Zustände in den andern übergeht. S. 165. Z. 8. Vorzüglich interessant ist in dieser Hinsicht die Beobachtung von dem Eindruck des allmähligen Uebergangs von Nacht zu Tag und von Tag zu Nacht. Aber man müßte, um den Genuß des erstern Schauspiels der Natur zu haben, noch vor Tagesanbruch aufstehn! Und man sollte — geböte es auch nicht schon eine gerechte Sorge für die Erhaltung der Augen — nicht in der Abenddämmerung lesen, schreiben, überhaupt arbeiten. Man entzieht sich durch stete Beschäftigung oder Zerstreuung in dieser Tageszeit einen eigenen Naturgenuß im Freyen, oder auf dem Zimmer die angenehme Unterhaltung mit sich selbst, wozu sie so eigentlich einladet und stimmt, wenn man seinen Gedanken freyen Lauf läßt, seine Ideen und Gefühle belauscht, die Eindrücke und Scenen des Tags wieder hervorruft und das Spiel des Lebens überdenkt.

So mancher trüber Tag. S. 167. Z. 1. Solche Tage von einer interessanten Düsternheit hat vorzüglich der Herbst. Es ist gleichsam ein magischer Duft, der da über die Natur verbreitet scheint, und dadurch die Phantasie ins Spiel setzt. Dieser Duft kommt nicht von nasser Luft (die Luft wird man da vielmehr trocken finden), welche das körperliche und geistige Wohlbehagen nicht aufkommen lassen würde, wie man sich an nassen Tagen wirklich fühlt. Zugleich scheint die Luft, ungeachtet der Himmel sich dicht mit Gewölk umzogen zeigt, mit Lichttheilchen stark geschwängert, welche den Eindruck durch den Kontrast noch mehr heben.

In lauen Nächten, S. 168. Z. 3. Der Einfluß, den der Abend und die Nacht auf das Gemüth äußern, besteht darin, daß Abends die Thätigkeit der Phantasie am leichtesten aufgeregt und befördert wird, heftige Leidenschaften und lebhafte Affecten in wohlgeordneten Gemüthern am meisten schweigen und ruhig werden, daß keine Tageszeit so sehr als diese zur Beschäftigung mit religiösen Ideen auffordert, die Sehnsucht der Gemüther nach ihren Lieben und Freunden mehr erweckt und das Herz der Vertraulichkeit öffnet, aber auch, nach Beschaffenheit der Umstände, den Gefühlen der Bangigkeit, des Schauers, der Furcht und des Schreckens preis giebt. Wer sich hierüber weitläuftiger zu belehren wünscht, lese die interessante Abhandlung des Herrn Adjunct Tzschirner in Maucharts allgemeinem Repertorium für empirische Psychologie, im sechsten Bande dieses Werks.

Das Schlagen der melodischen Nachtigall. S. 173. Z. 11. Ich kann mich nicht enthalten, Büffon's meisterhafte, obgleich bisweilen (vorzüglich an einer Stelle, die ich deshalb ausließ) klügelnde, auch hier und da wie man finden wird, etwas übertreibende Schilderung des Gesangs der Nachtigall den Lesern hier mitzutheilen.

Bey diesem Namen, sagt Büffon, erinnert sich wohl jeder, dessen Sinne noch unverdorben sind, an eine jener Frühlingsnächte, wo der Himmel heiter, die Luft ruhig war, die Natur in Erwartungsvollem Schweigen da lag, und er entzückt die Sängerin der Haine belauschte.

Man könnte verschiedene Vögel anführen, deren Stimme in mancher Rück-

sicht mit der Nachtigall wetteifert. Die
Lerche, der Zeisig, der Fink, die Gras-
mücke, der Häufling, der Stieglitz, die
gemeine und einsame Amsel, die Amerika-
nische Spottdrossel: alle diese hört man
mit Vergnügen, so lange die Nachtigall
schweigt. Einige von ihnen haben einen
eben so schönen Ton, einen eben so reinen
sanften Schlag, eine eben so biegsame
melodische Kehle; allein vergebens sucht
man unter ihnen Einen, den nicht die
Nachtigall durch die vollkommenste Ver-
einigung aller dieser verschiedenen Talente,
und durch die bewundernswürdigste Abwechselung ihres Gesanges übertrafe: so
daß das Lied jedes dieser Vögel in seinem
ganzen Umfange nur eine unvollkommene
Strophe aus dem Gesange der Nachtigall
ist. Sie bezaubert ewig und wiederholt
sich nie, wenigstens nie sklavisch und geschieht es, so belebt sie ihre Wiederholung

jedesmahl mit einem neuen Accente, verschönt sie mit neuer Anmuth. Ihr glückt jede Art, jeder Ausdruck des Gefühls; meisterhaft mahlt sie alle ihre Charaktere, und verdoppelt durch überraschende Sprünge die Wirkung davon. Wenn die Königin des Frühlings die Hymnen der Natur anstimmen will, so fängt sie in einem furchtsamen Vorspiel mit halblauten unbestimmten Tönen an; als wolle sie ihr Instrument versuchen und die Aufmerksamkeit der Zuhörer rege machen. Nach und nach wird sie dreister; ihr Math und ihre Begeisterung wächst und bald strömen in ihrer ganzen Fülle die Melodien ihrer unvergleichlichen Kehle hin: schmetternde Schläge, hell schwebende Wirbel und Triller, in denen Reinheit und Leichtigkeit sich gatten, ein inneres gedämpftes Murmeln, dessen Ton das Ohr auf der Tonleiter vergeblich sucht, das aber desto geschickter ist, den reinen deutlichen Tönen zur Folie zu dienen, fliegende, blitzgeschwindrollende Läufe, kräftig, oft mit geschmackvoller Härte angeschlagen — sanft klagende, in einander schmelzende, ohne Kunst gereihte, aber seelenvolle Cadenzen — bezaubernde, eindringende Töne, wahre Seufzer der Liebe und Wollust, die sich aus dem Herzen drängen und zum Herzen sprechen, daß es von Gefühlen aufwallt und in sanfter Schwermuth versinkt. — Diese verschiedenen Sätze werden oft durch Stillschweigen unterbrochen, durch jenes Stillschweigen, das in allen Arten der Melodie die Wirkung so mächtig verstärkt. Man genießt noch einmahl im Nachhall die schon gehörten Töne, die noch um unser Ohr schweben, und man genießt sie ruhiger, weil der Genuß inniger und gesammelter ist, und durch keinen neuen Eindruck gestört wird. Bald wartet man, daß sie von neuem anfangen soll, man wünscht die schöne Stelle noch einmahl zu hören; sieht man sich betrogen, so läßt uns die Schönheit des neuen Stücks nicht bedauern, daß das vorige aufgeschoben ist, und die Erwartung bleibt für die folgenden Sätze gespannt.

Eine Hauptursache, die den Gesang der Nachtigall vorzüglich macht, setzt Barrington darein, daß, da sie des Nachts, welches die günstigste Zeit ist, und allein singt, ihre Stimme volle Stärke behält und durch keine andere unterdrückt wird; sie verdunkelt alle andere Vögel durch ihre sanften geflöteten Töne und durch die ununterbrochene Dauer ihres Schlags, der zwanzig Sekunden aushält. *)

*) Wer sich über den Bau der Kehle, die stärkste Schlagzeit, die Menge und Dauer von den Schlägen der Nachtigallen, die Weite, worin man sie hört, die Anfangs-

Ein Bad. S. 193. Z. 12. Die Gesundbrunnen von Herrn Neubeck sind ein zu allgemein bekanntes Gedicht, als daß es noch der Bemerkung bedürfte, man finde auch die vorzüglichsten Gesundbrunnen Deutschlands darin geschildert. Eben so gut bedürfte es auch bey Thomsons Jahreszeiten noch einer besondern Angabe ihres Inhalts.

und Endigungsnoten derselben in ihrem Verhältniß zu den Mittelschlägen, den wahren, auch von Büffon verkannten Grund von dem Singen des Männchens während der Brütezeit des Weibchens, den Wetteifer, die oft erstaunliche und tödtliche Anstrengung im Singen, die Orte, welche Nachtigallen am liebsten wählen, Gegenden, wo sie vorzüglich gut schlagen; mit einem Wort, wer sich über die ganze Naturgeschichte der Nachtigall in der Kürze zu belehren wünscht, lese in Bechsteins Naturgeschichte der Stubenvögel, Seit. 359 — 394. den Artikel Nachtigall.

Schlüßlich bemerke ich noch, daß auch der verewigte Professor **Heydenreich** einst die Idee hatte, Etwas über das Spatzierengehn zu schreiben. Allein er hatte mehr die Entwickelung gelegentlicher Ideenspiele, als Stoff zur angenehmen Unterhaltung auf Spatziergängen, als der Bedingungen und Eindrücke des Spatzierengehns selbst im Sinn. Hierüber denke ich mit ihm, wie die Ausführung der dem Ganzen zum Grunde liegenden Idee zeigt, nicht gleich, der zu Folge auch die Ideenspiele eines Spatziergängers, wenn dessen Spatziergang einen heitern und gemüthlichen Eindruck machen soll, von den umgebenden Gegenständen selbst nie ganz abgezogen, wenn auch nicht **ganz** aus dem Kreise des Lustwandelns, doch immer aus dem **eigenen** Geiste des Lustwandlers entspringen müssen. Was da nicht aus der ganzen Stimmung, den

Neigungen, Verhältnissen, dem Ideen- und Gefühlskreise des **Individuums** entspringt (und der Schriftsteller spricht nur zur Gattung) ersetzt für angenehme Unterhaltung kein fremdartiges Surrogat.

Markus Fauser

Die Promenade als Kunstwerk
Karl Gottlob Schelles Theorie des Spaziergangs

I.

„Spaziergänger aller Art" sind es, die Faust in jener Szene am Anfang seines Weges durch die Welt begegnen, die besser als Osterspaziergang bekannt ist. Aber was in Goethes Drama so bedeutungsvoll inszeniert wird, ist ein durchaus alltäglicher Vorgang und Ausdruck bürgerlichen Lebens im ausgehenden 18. Jahrhundert. Fausts Schilderung der aufkeimenden Natur, der buntgewürfelten Menschenmenge und seiner neugewonnenen Lebensfreude kommentiert Wagner schließlich mit den berühmten Worten: „Mit Euch, Herr Doktor, zu spazieren,/Ist ehrenvoll und ist Gewinn;"[1]. Aus Wagners Kompliment konnten die Zeitgenossen mehrere Bewegungsformen des Spazierens heraushören, sie waren ihnen noch alle geläufig. Zunächst jene zweck- und ziellose Bewegung, die ohne bestimmende Angabe ein Sich-Ergehen im alten Sinn des Lehnwortes aus dem Italienischen meint und die schon im 17. Jahrhundert durch Philipp von Zesen mit ‚lustwandeln' ins Deutsche übertragen wurde. Jene Gangart also, die den gebildeten Menschen auszeichnete, eine gemäßigte, beinahe kunstvolle Art der Fortbewegung, die Ausdruck feiner Sitten war. Dieses Ausschweifen, die gebändigte Form der Ausgelassenheit, wahrte auch den Zusammenhang zur zweiten Bedeutung, einer Ausschweifung im geistigen Sinne, der rhetorischen digressio nämlich, die von Montaigne bis Jean Paul das freie Spiel der Gedanken in Anfügungen, Zusätzen und beiordnenden Einfällen bezeichnete. Schließlich, das ist die wichtigste Bedeutung in Goethes ‚Faust', wird Spazieren zur Allegorie des Lebensweges, zur sprachlichen Konstante der drei Spaziergänge des Menschen in der Welt, wie schon Georg Philipp Harsdörffer formulierte: Eingang, Fortgang und Ausgang.[2] In diesen drei Bedeutungen schien sich das Spazieren zu erschöpfen, zumal die Aufklärer, die sich doch alle Phänomene des menschlichen Lebens zum Gegenstand nahmen, dieser Bewegungsform keine Beachtung geschenkt hatten. Erst im Zuge einer neuen philosophischen Strömung, der Popularphilosophie, konnten solche Fragen, menschliche Grundbedürfnisse zum Ausdruck kommen. Und dabei wurde manches Thema auf ganz eigenständige, originelle Weise durchdacht, von Autoren, die nicht einmal mehr dem Namen nach bekannt sind, deren Werke weitgehend das Los einer Zeit der Vielschreiberei traf und die literarhistorisch, weil sie zur Zeit bedeutender Autoren schrieben, erneut in den Hintergrund gedrängt wurden.

So wird auch dem, der sich auf die Suche nach Lebensspuren des Philologen und Popularphilosophen Karl Gottlob Schelle begibt, die Biographie dieses vielseitigen Schriftstellers kaum greifbar.[3] Die wenigen bekannten Daten sind schnell aufgezählt: geboren wurde Schelle im Jahre 1777 in Altweilnen, das genaue Geburtsdatum ist unbekannt. Nach dem Studium wurde er 1800 Lehrer für Alte Sprachen am königlichen Pädagogium in Halle. Bereits 1801 ist er Privatgelehrter in Leipzig, bevor er 1805 als Konrektor des Lyceums in Freiberg erneut in den Schuldienst tritt. Wieder nur wenige Jahre später, 1807, wurde Schelle – dreißigjährig – wegen Kränklichkeit in den Ruhestand versetzt und dann, zu einem unbekannten Zeitpunkt in die Irrenanstalt auf dem Sonnenstein bei Pirna eingeliefert. Dort muß er die längste Zeit seines Lebens zugebracht haben, 1825 wird zum letzten greifbaren Lebensdatum, sein Todesjahr bleibt unbekannt. Trotz der kurzen Zeitspanne ein wechselvolles Leben, der Schuldienst schien diesem unruhigen Geist nicht zuträglich und ein Lebensende, das dem so vieler Zeitgenossen ähnelt, die Hypochondrie und verwandte Erscheinungen waren Jahrhundertkrankheiten, und es ist wohl erlaubt, aus ähnlichen Fällen Rückschlüsse zu ziehen, wenn man sich die Krankheitsgeschichten, von Hölderlin einmal abgesehen, eines Karl Philipp Moritz oder Johann Gottlob Wezel vor Augen führt.[4] Selbst in dem akademischen Kreis, dem Schelle eine Zeitlang zugehörte, jenem Zentrum der Popularphilosophie um Christian Garve in Leipzig, war dieses Schicksal zu sehen, denn sein Lehrer starb kaum vierzigjährig und Schelle hat ihm einen Nachruf verfaßt: „Karl Heinrich Heydenreich. Charakteristik als Mensch und Schriftsteller. Leipzig 1802". Dennoch hat auch Schelle den wahren Grund der Seelenkrankheiten nicht erkannt und wenn er im achtzehnten Kapitel seines Essays über „Die Spatziergänge oder die Kunst spatzieren zu gehen", im selben Jahr erschienen, allen Kranken die Fähigkeit zum Lustwandeln abspricht, so ist das allenfalls Symptom. Nicht nur geographisch gesehen, Schelle hielt sich wohl zeitlebens im

Sächsischen auf, drängt sich bei ihm in diesen wenigen Jahren alles auf engstem Raum und vielleicht ist gerade das ein Grund für seine bemerkenswerte Produktivität auf vielen Gebieten. In schneller Folge erschienen im Jahrzehnt zwischen 1797 und 1807 Studien zur Altphilologie, darunter eine Ausgabe der Poetik des Horaz, die Goethe als Widmungsexemplar besaß und mehrfach lobend erwähnte, sowie eine Bearbeitung der Reisebeschreibung Roms des berühmten Karl Viktor von Bonstetten. Weitere Publikationen galten der französischen Sprache und Literatur, darunter ein mehrfach aufgelegtes Lehrbuch der französischen Sprache und Übersetzungen, wie die „Geschichte des männlichen Bartes" als freie Bearbeitung einer französischen Vorlage.[5] Den wichtigsten Bereich stellen allerdings die popularphilosophischen Schriften dar, zunächst eine Auseinandersetzung mit ihrem bedeutendsten Vertreter, Christian Garve, unter dem Titel „Briefe über Garve's Schriften und Philosophie" erschienen in Leipzig 1800.[6] Darin wird in einer kleinlichen Diskussion versucht, Garves Kant-Kritik zu widerlegen, eine Diskussion, die sich als unfruchtbar erwies, denn man war im Grunde derselben Auffassung über Wesen und Ziel der Popularphilosophie. Von den übrigen Schriften ist noch eine Abhandlung „Über den Frohsinn" aus dem Jahre 1804 hervorzuheben, die eines jener psychologischen Themen aufgreift, die ein spezielles Anliegen aller praktischen Philosophen darstellten. Sogar ein Umgangslehrbuch wird Schelle zugeschrieben, „Der Mann von Welt" (1803), doch ist die Autorschaft unsicher. Eine ertragreiche Tätigkeit also, die in der originellsten Arbeit ihren Höhepunkt fand, dem Essay über die Spaziergänge, mit dem Schelle nun wirklich ein neues Feld betrat und damit beitrug, jenes Vorurteil zu widerlegen, das da lautete, die Popularphilosophen seien unselbständige Denker und lediglich Massenpublizisten ohne höheren Anspruch gewesen, er konnte nämlich diesesmal nicht auf Vorläufer zurückgreifen und hatte freie Hand, bei diesem ‚aus dem Leben gegriffenen' Thema ganz aus eigenen Beobachtungen und Erfahrungen zu schöpfen.

Popularphilosophie, Lebensphilosophie, Philosophie des Lebens, das sind Begriffe, die alle dasselbe Ziel bezeichnen und jene spätaufklärerische Absicht meinen, wie Johann Jacob Engel ‚Philosoph für die Welt' zu sein, ein gemeinverständlich schreibender Autor also, der das untersuchen soll, „was die Geschichte des menschlichen Geschlechts aufzuklären dient, unsere Aufmerksamkeit auf sich ziehen muß, und unser Nachdenken darüber rechtfertigt"[7]. Das Leben in allen seinen Äußerungen ist hier Gegenstandsbereich des Denkens und der Philosoph will gleichzeitig doch für das Leben, gesellschaftsbezogen schreiben, Gespräche der gebildeten Welt anregen, denn im Idealfall könnte man ja dazu kommen, „daß diese Materien Gegenstand unserer Unterhaltung im gesellschaftlichen Umgang würden."[8] Philosophie und Alltag sollen wieder eng aufeinander bezogen sein, weshalb viele Autoren auch nur kurze Zeit Universitäten angehörten, die Trennung von der Schulphilosophie auch institutionell deutlich machen wollten und wenigstens ansatzweise zur freien Schriftstellerei tendierten, wenn dies auch nur in den seltensten Fällen gelang. Die Geschichte der Popularphilosophie des 18. Jahrhunderts begann um 1750, als der Begriff von Johann August Ernesti in dessen Leipziger Dissertation „de philosophia populari prolusio" im Jahre 1754 erstmals definiert wurde und Schelles Versuch, die erwähnten Begriffe gegeneinander abzugrenzen trifft das gemeinsame Ziel dieser Schriftsteller nicht, denn sie alle wollten, wie Schelle selbst zusammenfaßte, empirisch die natürlichen Anlagen des Menschen ergründen, ein Gefühl für das Schickliche erzeugen, bildend wirken, das Publikum zum Selbstdenken anhalten und, das wichtigste, neue Seiten des Bekannten im Vorbeigehen hervorheben.[9] Nicht zufällig begann zur selben Zeit, von Voltaire initiiert, die moderne Kulturgeschichtsschreibung, die Ende des Jahrhunderts ihre erste Glanzzeit erfahren sollte, in Verbindung mit der ständig anschwellenden Flut von Reisebeschreibungen, anthropologischen und ethnographischen Schriften. Diese zweite Welle aufklärerischer Schriftstellerei ist aber auch Reaktion auf eine weitergehende Befreiung des Menschen aus gesellschaftlichen Zwängen, Reaktion auf ein neues Verhältnis zu Natur und Raum und der Versuch, ein neues Weltverhalten, Lebenskunst auch ästhetisch zu begründen.

II.

Bei der Erläuterung der kulturgeschichtlichen Entwicklungen, die zu Schelles Essay führten, hilft wieder ein sprachgeschichtlicher Hinweis, den der Titel des Buches selbst gibt: „Die Spatziergänge", das meint im objektiven Sinne den Ort, den Weg, auf dem man spazieren geht, wie er noch in der französischen ‚promenade' erhalten ist, als Bezeichnung der Lokalität, auf der man lustwandelt. Damit – denn erst der Untertitel des Buches führt auf den subjektiven Sinn – ist schon angedeutet, worum es Schelle geht, um die Erhellung der Bedingungen des Spazierens nämlich, um das Verhältnis von Natur, Landschaft und der Gefühlswelt des „lustwandelnden Menschen"[10]. Wie aber hatte sich diese Verhältnis historisch ausgeprägt, wie pflegte die vornehme Welt vor Schelle zu promenieren?

Wie in vielen Bereichen des täglichen Lebens war auch beim Spazieren die französische Gesellschaft Vorbild.[11] Man nahm lebhaft Anteil daran, wie sich die Entwicklung dort gestaltete, Schelles Interesse für die Berichte des deutschen Parisreisenden Friedrich Schulz zeugt davon. Selbstverständlich gab Paris den Ton an mit seinen großen Gartenanlagen, den Tuilerien, im Palais-Royal oder dem Jardin du Luxembourg. Zwar wurden die Gärten schon zu Beginn des Jahrhunderts für ein breites Publikum geöffnet, aber Zutritt erhielten nur die Oberschichten der Stadt, denn die Anlagen waren wichtige Treffpunkte der Repräsentation, des Austauschs unter den Adligen: wer sich auf der Promenade seinen Weg bahnte, war dessen auch in seiner Karriere sicher. Auch bei den verschiedenen Arten des Spazierens zeigte sich der Standesunterschied. Adligen war das Fußgängerische wie alle physische Anstrengung verpönt, man benutzte Kutschen, wenn man außerhalb der Gärten spazierenging. Einmal abgesehen von den zahlreichen Karambolagen, auch mit Fußgängern, wurde dieses Privileg zum Angriffspunkt der Revolution. Daran ist schon zu sehen, wie sich das Bürgertum in einem wörtlich zu nehmenden Sinn Platz schaffen mußte, der ‚Bürgersteig' ist ein Stück Straße, das dem Adel entzogen werden mußte. In den Gärten jedoch war das Spazieren mehr eine Angelegenheit des Sehens und Gesehenwerdens. Wer schnell ermüdete, saß auf Stühlen und erging sich in der Betrachtung der defilierenden vornehmen Welt. Es muß ein seltsames Schauspiel gewesen sein, täglich zwischen zwölf und vierzehn Uhr die Grüppchen zwischen den symmetrischen Anlagen und gemieteten Stühlen, geometrisch aufgereiht, sich gegenseitig prüfend dahingleiten zu sehen, aber eben darin bestand der große Unterschied zwischen diesen Spaziergängen und dem späteren einsamen Spaziergang. Diese ältere Spazierweise, promenade à la française, fing Friedrich Schulz ein und richtete sein Augenmerk besonders auf die Damenwelt des Palais-Royal:

> „Sie erscheinen nie ohne Führer, gehen in den Alleen auf und ab, oder setzen sich auf den darunter gestellten Stühlen nieder, um die Vorübergehenden zu sehen und von ihnen gesehen zu werden. Die Doppelalleen, längs dem Flügel, worin das Kaffeehaus de Foi ist, bleibt die lebhafteste und vornehmste, in der andern auf der entgegengesetzten Seite, findet man nur Männer und Weiber, deren Aeußeres den Glanz jener nicht verträgt. Unter diesen stehen auch die Stühle dünner."[12]

Der Vorteil einer dichtgedrängten Menge, in der man auch ohne sich zu kennen grüßte, war allerdings die Gesprächsbereitschaft, es fiel ja nicht schwer, den Flug der Worte aufzufangen und sich einzumischen. Wenigstens darin zeigt sich eine deutliche Kontinuität zu den demonstrativen promenades républicaines der Revolutionszeit. Diese beliebte französische Spazierweise hielt sich bis zum Ende des Jahrhunderts, sie wurde sogar im Bürgertum gepflegt, das sich am französischen Stil orientierte. Vielzitiertes Beispiel dafür war die berühmte Leipziger Allee zwischen Barfüßerpforte und Thomastor, die schon im ersten Viertel des Jahrhunderts erbaut wurde, von deren Gangart ein Stich von Rosmäsler aus Schelles Geburtsjahr 1777 einen lebhaften Eindruck vermittelt. Maßgebend war auch hier die symmetrische Form, die Anlage more geometrico in der Bepflanzung wie in der Bewegung.

Ständemischung bahnte sich im Schlendern auf den Pariser Boulevards nördlich der Seine ihren Weg. Sie glichen mehr Jahrmärkten und Rummelplätzen, obwohl sie im adligen Teil der Stadt lagen, der Süden wies eher bürgerlichen, auf den Boulevards sogar ländlichen Charakter auf. Hier lag im Zentrum der Jardin du Luxembourg als Promenade des dritten Standes. Hier sollte sich jene neue Art des Spazierens einführen, die nun auch für das deutsche Bürgertum wegweisend wurde, der halböffentliche, ungestörte Wandel des einfachen, schlichten Spaziergängers, der sich um der Luft, nicht um des Parfüms willen dorthin begab:

> „Dort sieht man genießende, mit allen Erzeugnissen der Kunst und des Luxus herausgeputzte Menschen, hier nützliche, im einfachen Schmucke der Natur prangende Bäume; dort ganze Haufen gaffender Müssiggänger, süßer Herrn, Abenteurer, Glücksritter zu Fuß und zu Pferde, lustwandelnder und lustsuchender Schönen in und außer Karossen u.s.w.; hier einzelne Bürgerfamilien in Kleidung und Anstand ebenso bescheiden, als die sie umgebende Natur, ein die Einsamkeit suchendes, liebendes Paar, einen das Geräusch der Stadt fliehenden Gelehrten mit einem Buche in der Hand."[13]

Rousseau war der Propagator dieses natürlichen Spaziergangs, der Einfachheit gegen Sittenverfall setzte, eine Klage, die wir auch aus deutschen Städten kennen, im anonymen „Schattenriss von Berlin" aus dem Jahre 1788 heißt es bezüglich der großen Zahl der Dirnen auf den Promenaden: „Zur Sommerzeit wird der später so angenehme Spaziergang Unter den Linden durch diese Geschöpfe fast gänzlich gehemmt."[14] Dieser Lustwandel in der Dämmerung brachte den Bürger auf, der jetzt lieber den einsamen Winkel eines englischen Gartens aufsuchte und sich der Natur hingab, oder gar, wie Rousseau, sich auf eine einsame Insel zurückzog. Im gleichen Atemzug aber öffnete die Revolution in Frankreich alle Gärten und ließ Spaziergänger aller Art, ohne Standesunterschiede eintreten, „Kohlenträger, Fischweiber, Käsehökerinnen", alles lief jetzt „schreiend, lärmend"[15] durch die einst so hochkultivierten Stätten, wenn man sich nur am Eingang des Gartens rechtzeitig die Kokarde angesteckt oder die phrygische Mütze auf den Kopf gesetzt hatte, denn Mißachtung dieser neuen Promenadenkleidung wurde streng sanktioniert. So wurden die Gärten zum ‚foyer du patriotisme', eine neue, schnellere und flüchtigere Gangart der Repräsentation wurde entdeckt. Wer die Gärten kontrollierte, der besaß Paris, darin zeigt sich auch die Vormachtstellung, die dem umgrenzten Spazieren zugemessen wurde, beides, Spazieren und Gartenkultur wurde stets als zusammengehörig empfunden und noch bei Schelle finden sich einige Kapitel darüber. Aber nicht nur Repräsentation war das Anliegen des neuen bürgerlichen Fußgängers, voraus ging ein ganz anders Naturverständnis, eine andere Einschätzung des Verhältnisses von Mensch und Natur, das dann andere Spaziergänge, andere Gartenformen notwendig machte.

Die gegenseitige Abhängigkeit von Spazieren und Naturauffassung wurde schon früh in der Ablehnung des barocken Naturideals sichtbar. Vorreiter waren hier die englischen und deutschen Moralischen Wochenschriften, die den Überdruß an symmetrischen Weganlagen, an künstlichen Formen gestutzter Bäume, durch Mauern begrenzten Promenaden zum Ausdruck brachten und damit schon auf die englischen Gärten vorauswiesen. Dennoch spielte sich das gesellige Leben der deutschen Bürger zunächst noch in ihren Häusern ab, die notwendigen Gänge nach draußen führten höchstens zu einer Abschweifung in die Apotheke, um die neusten Nachrichten zu erfahren, oder zur Poststation, um Neuankömmlinge in Augenschein zu nehmen. Die freie Natur galt immer noch als bedrohlich, vor allem die Berge, und so wagte man sich nur, wenn es unerläßlich war, vor die Tore der Stadt und blieb wenigstens in erreichbarer

Entfernung. Das änderte sich zunehmend.[16] Der Drang zu größerer Bewegungsfreiheit war überall spürbar, die Spaziergänge führten aus der Stadt heraus zu den Wällen um den Stadtgraben, die seit Mitte des Jahrhunderts zu Promenaden ausgebaut wurden. Besonders beliebt wurden nun auch Vergnügungstouren in öffentliche Kaffeehäuser oder Spaziergänge im Freien. Wenn der Weg nur in die Natur führte, war man schon an der allgemeinen Erweiterung des Horizontes beteiligt. So wurde Spazieren geradezu die natürliche bürgerliche Bewegungsform, die durchaus Komponenten der körperlichen Befreiung aufwies, in der Sprache der Zeit: diätetisch und angenehm.

Das bedeutete Veränderung in der Einstellung zur Natur. Sie ist jetzt Gegenstand des Genusses, man tritt nicht nur in die Natur hinaus, sondern nimmt sie in die eigene innere Welt hinein, ein Gefühl, das sich vor allem in der Naturlyrik Bahn brach. Wichtiger ist jedoch, daß die Natur jetzt nicht mehr nur als solche erscheint, sondern in vermittelter Gestalt als Landschaft gegenübertritt. Ein Ausschnitt der Natur vermittelt den Eindruck von Ganzheit der Natur, indem der Betrachter ihn als Landschaft zur individuellen Natur erhebt.[17] Der Teil der Natur, der nun als Landschaft dem Betrachter erscheint, wird zu einem selbständigen Ganzen, das den Gesamteindruck herstellt. Daher erklärt sich auch die Vorliebe der Zeitgenossen für Landschaftsmalerei und poetische Landschaftsbeschreibungen, die auch einen beträchtlichen Teil der Darstellung Schelles ausmachen. Der Mensch tritt der autonomen Natur gegenüber, die dadurch an sich wertvoll und genießbar, ästhetisch zurückgewonnen wird. Ästhetische Naturanschauung ist auch die Grundlage des „Raumideals der Zeit"[18]. Man liebt die kleine, belebte und umhegte Fläche, nicht die weite, unerschöpfliche Natur, sondern die Geborgenheit vermittelnde, Schutz gewährende überschaubare Landschaft, die ja selber von Menschenhand verändert wurde und dadurch erst diese Gefühle im Betrachter hervorrufen kann. Mannigfaltigkeit auf engstem Raum, das ist das Ideal und Christian Garve hat in seinem Essay „Ueber einige Schönheiten der Gebirgsgegenden" von 1798 diesen Blickwinkel genau beschrieben: man müsse in einem Tal stehen, das auf beiden Seiten von nicht allzu hohen Bergen umschlossen den Blick in die Ebene freigebe und dort Städte und Dörfer zeige. Dieser anmutige Kontrast bietet gerade so viel, als zum Spiel der Einbildungskraft notwendig ist und wahrt doch die unerläßliche Distanz, so daß der Betrachter sich fühlen kann, wie „ein Zeuge und Beobachter von der Geschäftigkeit der Menschen, ohne sich doch darein zu mischen."[19] Gemütvolles Beschauen ist hier gemeint, die Wahrnehmung wird zur Empfindung des Selbst. Daran orientierten sich auch die Gartenkünstler mit ihrem Ziel der Landschaftsverschönerung. Sie stellten poetische Landschaftsbilder her, Szenen, die genau auf den Gemütszustand ihres Betrachters berechnet waren. Unscheinbare Veränderungen der Natur sollten diese Wirkungen hervorrufen, so daß der Spaziergänger hinter jeder Wegbiegung von immer neuen genußreichen Eindrücken überrascht werden konnte. Nicht wissenschaftliches Studium der Natur war hier das Ziel, sondern das Gewinnen von Eindrücken aus der „reitzende(n) Oberfläche"[20] der Landschaft. Musterbildend wurde die um 1770 erbaute englische Anlage zu Wörlitz[21], die auch Schelle mehrfach erwähnt und deren Erbauer, Herzog Franz von Anhalt-Dessau, er seinen Essay widmete. Der Herzog hatte sich an vielen Orten seines Territoriums für die Landschaftsverschönerung eingesetzt, so daß schon den Zeitgenossen sein Fürstentum als „das Gartenreich"[22] schlechthin erschien. Gegenüber den Gartenanlagen des französischen Stils zeichnete sich Wörlitz gerade durch einen neuen Illusionseffekt aus, der Übergang von Gartengrenze zu freier Natur wurde nämlich durch besondere technische Maßnahmen verschleiert, so daß nie das störende Gefühl der Eingeschlossenheit entstehen konnte.[23] Landschaftsausschnitt und Landschaftsvedute wurden eins, Natur und Kunst waren für den genießenden Spaziergänger zu einer Einheit verschmolzen.

Den unmittelbaren Übergang zu den heutigen öffentlichen Parkanlagen stellten dann die ‚Volksgärten' dar, zu nennen sind der Prater in Wien, der Englische Garten in München, der Tiergarten in Berlin und der Weimarer Park, zu dessen Gestaltung auch Goethe beitrug. Freie Anlagen, in denen jetzt Natur und Etikette, Bürgertum und Adel gemeinsam spazierten, an manchen Tagen sich bis zum Überdruß promenierten. Lustwandeln war nun Allgemeingut geworden und fand zunehmend auch literarischen Niederschlag, in der französischen Literatur bei Rousseau („Träumereien des einsamen Spaziergängers" 1776/78) und später bei Stendhal („Römische Spaziergänge" 1829), in der deutschen Literatur sind Seumes „Spaziergang nach Syrakus" (1803) und Goethes „Die Wahlverwandtschaften" (1809) zu betonen. In dieser Hinsicht stellt Goethes Roman, nicht weniger als fünfundzwanzig Spaziergänge hat man darin gezählt[24], in dem Natur und Gesellschaft ihr Gleichnis in der Gestaltung des Parks auf mustergültige Weise erfahren, den literarischen Höhepunkt der Gartenkunst des 18. Jahrhunderts dar.

Spazieren hatte sich also eingebürgert, das Motiv war literarisch hoffähig geworden, aber niemand hatte bislang versucht, dem Phänomen theoretisch auf die Spur zu kommen, Natur und Wahrnehmung von dieser Seite her anzugehen, diesem Grundbedürfnis des ziellos zielsicheren Schlenderns, dem Spazifizieren einmal auf die Füße zu sehen.

III.

„Von meinen frühesten Jahren an, hab ich einen großen Theil meiner Zeit mit Spazierengehen zugebracht. Es ist mir nicht unbekannt, daß ich dadurch bey meinen lieben Landsleuten, in den unverschuldeten Ruf eines großen Müssiggängers gekommen bin. Freylich wohl, wenn ich nur gegangen wäre und immer gegangen wäre, um zu gehen, um die Zeit zu tödten, um die Welt anzugaffen; so könnt' ich leicht an dem Körper meines kleinen Staats ein unnützer Auswuchs, ein Hünerauge z. E., oder sonst etwas ähnliches geschimpft werden, und die richterische Scheere verdienen. Aber meine lieben Mitbürger, und Mitbürgerinnen, wie konntet Ihr mich so lieblos verurtheilen?"[25]

Mußte der Spaziergang eigens gerechtfertigt werden, wie es Joachim Christian Blum versuchte? War er nicht schon durch seine Zugehörigkeit zu den harmlosen, sittlichen Vergnügungen von gewissen Zeiterscheinungen des Luxus, wie übermäßigem Kaffeegenuß oder Glücksspielsucht unterschieden? Jedenfalls spürte man, daß man nicht allein war auf seinen Spaziergängen, daß man sich selber mitnahm und noch etwas anderes mit spazierenführte, wenn es nicht gar der Walfisch war, dem man, wie es hieß, eine Tonne zum Spiel hingeben mußte, um das Schiff zu retten, kurz: die Langeweile.[26]

Die radikale Konsequenz hatte Rousseau gezogen. Sein Spaziergänger lebte zurückgezogen ganz aus der Selbsterforschung seiner Seele, er verdoppelte sein Leben, indem er in der Erinnerung lebte, seine Vergangenheit zurückrief und ein „getreues Register" seiner „einsamen Spaziergänge" führte.[27] Auf einer kleinen Insel mitten im Bieler See, wieder das Raumideal der Zeit, hatte er sich einen Ersatz für seinen Überdruß am Menschen geschaffen, der im Selbstgenuß seiner Existenz aufging. Der Ersatz, den ihm die Natur zu bieten schien, wurde in Wahrheit jedoch zum Versuch, vom „Elend ab(zu)lenken", daher interessierte ihn an der Naturbetrachtung auch nur die „Kette von begleitenden Gedanken", und er fühlte keinerlei moralische Verpflichtung mehr für andere.[28]

Selbstgenuß in der Natur ist auch der Ausgangspunkt des Fußgängers bei Schelle. Natur ist ihm verschönerte Landschaft im oben genannten Sinn, sie gibt den „Stoff zur einsamen Unterhaltung"[29] und die breiten Ausführungen über die Wirkungen der Natur auf das Gemüt, zu verschiedenen Tages- und Jahreszeiten, haben nur das Ziel, genau zu erklären, zu welchem Zeitpunkt und auf welche Weise die Natur einen „vortheilhaften Eindruck(s)"[30] im Betrachter hinterläßt, denn nur in solchen Momenten erfüllt sie sein Gemüt mit „lachenden Ideen"[31]. Ist sie dazu nicht in der Lage, empfiehlt Schelle die ergänzende gesellige Unterhaltung, beides ist somit abhängig vom jeweiligen Ort, an dem man sich einfindet. Schelle sucht also die schöne Natur; vor der Erhabenheit bedrohlicher Gegenden, wie den Alpen, überwiegt noch die Furcht.[32] Schöne Natur, das ist, wie Kant definierte, Natur, die „zugleich als Kunst aussah", ein ästhetisches Gefühl konnte sie nur vermitteln, wenn sie täuschende Nachahmung war und dennoch für Natur gehalten werden durfte.[33] Der Spaziergänger sieht also ein Kunstwerk, dessen Künstlichkeit er sich bewußt ist, er sieht die „Folie", die den „grüne(n) Grund" abgibt für das „Gemählde der lustwandelnden Welt".[34] Nur in Privatgärten glaubt er noch, einen „Zufluchtsort zu der ungekünstelten Natur" zu besitzen, dort, so glaubt er, brauche sein Wissen um den künstlerischen Eingriff nicht mehr „verdrängt"[35] zu werden, aber er gesteht doch gleichzeitig, daß er mit unbearbeiteter Natur nicht mehr umzugehen weiß, denn der Vorteil des Reitens oder Fahrens, als besonderer Spazierweisen, besteht gerade darin, unschöne Strecken schneller überwinden zu können.[36] Diese Ausblendung des Negativen, Häßlichen zeigt nur, daß der Mensch längst der Natur „entfremde(t)"[37] ist, und die Hoffnung, durch ständige Beschäftigung mit der Natur diese Entfremdung aufzuheben, erweist sich so, wie die Konzeption des „unentartete(n) Mensch(en)"[38], der seine eigene Natur wenigstens bewahrt habe, als Irrtum, wenn behauptet wird, man müsse nur „von Zeit zu Zeit" ins Freie spazieren, um sein Gefühl für die Natur nicht abstumpfen zu lassen.[39] In Wahrheit hat der Städter längst dieses Gefühl verloren, es durch ein anderes ersetzt, sein Selbstgefühl nämlich, die idealische Stimmung, die er schon mitbringt, wenn er sich in die Natur begibt:

> „Aufmerksamkeit auf seine Gefühle ist dem Lustwandelnden, um allen möglichen Gewinn vom Natur-Umgang zu ziehn, eben so nöthig, als das Lustwandeln in der Natur mit Sinn. (...) man muß die Natur zum Sprechen zu bringen wissen, damit sie wirklich spricht."[40]

Natur wird dem eigenen Fühlen lediglich nahegebracht, dem Fühlen, das nach „Wechsel", Abwechslung Ausschau hält und deshalb Stadt- und Landleben zu verschiedenen Zeiten genießt.[41] Kontrast und Zerstreuung sind es, die nach Kant der Gesundheit beitragen und die „Diätetik des Gemüts" befördern[42], unsere Organe und Empfindungen „im Gehen" erhalten[43]. Genuß am Angenehmen, Gefallen am Schönen – die Natur ist nur mehr Anlaß, die Form der Natur ist bloßer Reiz für das freie Spiel der Einbildungskraft, jenes Spiel, das einen hohen Bildungsgrad voraussetzt, und so wird der Spaziergang zum Kunstgenuß einer privilegierten Bildungsschicht, von dem der „Taglöhner"[44] per definitionem ausgeschlossen bleibt. Hier schafft sich der bürgerliche Spaziergänger seinen ästhetischen Freiraum, indem Natur vermenschlicht wird zum ‚Natur-Umgang'. Und die anderen Spaziergänger, die diesem Lustgänger begegnen? Wie gestaltet sich der Umgang mit ihnen, wenn jedem derselbe Gemütszustand zugebilligt wird, dieses Gefühl, das Schelle mit der Formulierung des „über den Gegenständen nur gleichsam leicht schweben"[45] eingefangen hat? Sie werden sich gegenseitig auch unter ästhetischen Gesichtspunkten betrachten, Schelle nimmt wieder Kant zu Hilfe:

> „Jener reine Eindruck des Lustwandelns auf einer öffentlichen Promenade äußert sich nun durch ein uninteressirtes Wohlgefallen an Menschen, ihrem Seyn und Thun: der Anblick des Frohsinns, der guten Laune, des heitern Scherzens, des geschmackvollen Anzugs, der angenehmen Haltung des Körpers der schönen Welt, des wechselnden Spiels der Gestalten, des ganzen regen Lebens und bunten Menschengewühls; alles, selbst die Possierlichkeit eines naiven Kindes spricht den Lustwandelnden gemüthlich an und beschäftigt ohne allen Zwang dessen geselligen Sinn."[46]

Der aufklärerisch-moralische Impetus wird ganz in den Hintergrund gedrängt, er verschwindet fast in dieser Szene, die schon Genrebild ist, dieser Impetus geht allenfalls noch in der Anschauung auf, hervorgerufen in der Affektion durch ein Objekt, die Spaziergänger berühren sich noch „in ihren Gefühlen"[47], in ihren Empfindungen. Im zentralen vierten Kapitel seines Essays hat Schelle einige Bedingungen dieses Spaziergangs benannt, wobei nicht nur die innere

Gestimmtheit erforderlich sei, sondern auch objektive Voraussetzungen zutreffen müßten:

> „Sie finden sich aber nur in einer größern, volkreichen Stadt. Hier, wo sich nicht jedermann, wie in einer kleinen Stadt kennt, wirken die Menschen nur durch ihren Anblick auf einander als Menschen, nicht als dieser oder jener besondere Mensch, mithin die ganze Menge der Spatzierenden nicht als bloßer Bekanntschaftskreis. Dies läßt dem Gemüthe seine Freyheit; (…) Beym Anblick von Menschen, die wir kennen, bleiben wir nie stehn: unsere Gedanken nehmen sogleich eine andere Richtung, und zwar eine Richtung nach innen; wir erinnern uns sofort ihres Standes, ihrer Denkungsart, ihrer Verbindungen, ihres nähern und entferntern Verhältnisses zu uns. In einer größern Stadt können die wenigsten sich begegnenden Spatziergänger Bekannte seyn."[48]

Schon die Furcht, einer bekannten Person zu begegnen, bewirkt eine Vorstellung von Zwang, der den Genuß stört. Nur in der Masse kann man ungestört Zerstreuung finden, drei Vorkehrungen können das gewährleisten: die „besuchteste Promenade" – weil man niemanden kennt, die „schönste Naturgegend" – weil man sie nur als Folie genießt und der „heiterste Tag" – weil man selbst schon gestimmt ist.[49]

So wird jeder Spaziergänger in diesem Schauspiel der Natur selbst Teil einer Inszenierung, man sieht sich gegenseitig als Zuschauer, wie im Theater, und der Kieler Professor der Philosophie und der schönen Wissenschaften, Christian Hirschfeld, hat dies in seiner fünfbändigen „Theorie der Gartenkunst" schon richtig konzipiert, wenn er den Zweck der Baumgruppen in den Gärten im Gegensatz zur alten, symmetrischen Bepflanzung beschreibt:

„Selbst der Spaziergang zwischen Gruppen eröffnet hier eine größere Ergötzung. Jeder kleine Trupp der Spazierenden macht sich gegenseitig ein Schauspiel; anstatt wie in den langen, breiten Alleen einer aufmarschirenden Wache zu gleichen, scheinen sie sich wie Liebende zu zerstreuen; die umher sich schlängelnden Wege lassen sie bald von dieser, bald von jener Seite sehen; verbirgt sie hier das Buschwerk auf einen Augenblick, so macht sie dort eine unerwartete Oeffnung wieder in einer andern Stellung sichtbar."[50]

Der Mensch als Teil der Inszenierung wird so zum Beiwerk der Promenade als Ort der Inszenierung, die Promenade erscheint als eine „mit Menschen bedeckte Wandelbahn"[51]. Dennoch, Spazieren ist mehr als zielloses Umhergehen, es ist Lustwandeln höherer Art, ist „geistige Existenz"[52], Erhöhung des Lebensgenusses, reine Geistestätigkeit, denn es ist die Einbildungskraft, die umherschweift und körperliche Bewegung nur deren unerläßliche Voraussetzung, weshalb man Spaziergänge besser nicht nach Tische plant, ist doch der Geist zu dieser Tageszeit gewöhnlich noch zu stark von der Verdauung abhängig[53]. So hält es der Spaziergänger wie der Aufklärer: wer den Zweck verkehrt, ist ein Spazieriicht!

Aber die spazierende Existenz ist nur als einsame überhaupt möglich, wenn auch die moderne Vereinsamung noch nicht als Gefahr erkannt wurde. Einsam kann sich der Spaziergänger des ausgehenden 18. Jahrhunderts nur in der Natur fühlen, ganz abgesondert von der Gesellschaft, wie Rousseau. Solange irgendeine Person sich auch nur in der Nähe befindet, fühlt er sich nicht mehr einsam, Christian Garve hat das in seinem Essay „Über Gesellschaft und Einsamkeit" so dargelegt. Deshalb ist auch der Besucher einer Promenade niemals einsam, er kann immer noch

Zusammengehörigkeit über das bloße Fühlen des Menschlichen herstellen. Das ist die äußerste Form des aufklärerischen Menschlichkeitspostulats. Und umgekehrt: die Einsamkeit in Gesellschaft wird als besonders ausgezeichnete Form des Daseins verstanden, als Selbstgenügsamkeit frei von überflüssigen Bedürfnissen, „sich selbst genug zu sein" war für Kant die Form der geselligen Ungeselligkeit, die sich dem Erhabenen nähere[54]:

> „Wer gar kein solches Bedürfniß empfände, wäre ein gemeiner, gehaltloser Mensch. Die eigene Natur, die eigenen Gedanken eines Menschen entwickeln sich nur in Stunden, wo er, von fremden Geistern unberührt, seinen Geist sich selbst wiedergiebt. Kaum gewinnt man, bey dem besten Willen, dazu eine andere Zeit, als die des Spatzierengehns. Nur zu selten kommt der Geist bey unserer so sehr verwickelten Kultur, unserer so sehr erweiterten Literatur und Geselligkeit zu sich selbst; (…) Lustwandeln im Freyen (…) befördert den Umgang mit sich ungemein, und zwar ohne die Peinlichkeit, die mit dem Selbstumgange auf dem Zimmer für die Länge verknüpft wäre."[55]

Das meint die andere Art der Zerstreuung, die, von Blaise Pascal zuerst beschrieben, den Verlust der Mitte bedeutet; Pascal zufolge ist das ganze Unglück der Menschen darauf zurückzuführen, daß sie nicht ruhig in einem Zimmer verweilen können. Die Geselligkeitssucht, das Aufgehen in der Zerstreuung, die von vielen Schriftstellern beklagt wurden, beschreibt auch Adolph Freiherr von Knigges „Über den Umgang mit Menschen" (1788/1790), in dem der Umgang mit sich selbst, als Rechenschaftsbericht vor sich selbst, noch die pietistische Variante der Sobrietät verlängerte. Hier bringt Schelles Warnung vor der schmerzhaften Selbstkasteiung eine Neuerung. Nicht Flucht vor der Gesellschaft, sondern Erhöhung, Selbstfindung ist das Ziel des Spaziergängers und so darf gemeinsames Spazieren, gemeinsames Plaudern beim Lustwandeln nur im Konjunktiv stattfinden:

> „Nur müßte der Lustwandler, um sich nicht selbst auf den besuchtesten Alleen noch einsam zu fühlen, nicht ganz allein gehn."[56]

Damit deutet sich schon jene Gefährdung an, die später erst erkennbar werden sollte und dieser letzte Versuch des ästhetischen Spazierens äußert sich nun auch in einer eigenen Raumvorstellung. Nicht die langgestreckten Alleen innerhalb der Stadtmauern, hier würde der Bezug zur Natur fehlen, sondern die Promenaden vor den Toren der Stadt sind der ideale Ort. Schelle hat das Panorama jener Stadt entworfen, das zugleich das Bild der bürgerlichen Gesellschaft abgibt, das Bild einer Stadt, deren Idealform ein „völliges oder länglichtes Rund" bildet, denn:

> „so füllen sich ihre Alleen von allen Seiten auf die leichteste Art mit Lustwandlern, die sie eben so leicht und bald ihren Wohnungen wiedergeben, so wie Geschäfte sie davon abrufen oder sie das Bedürfniß nach Ruhe empfinden; sie wandeln in stets andern und andern Richtungen, wo sich nach auswärts der Blick ins Weite öffnet, ohne sich von dem gemeinschaftlichen Mittelpunkt ihres Aufenthaltes zu entfernen; sie bewegen sich noch stets vor einander auf und ab, ohne daß es doch für jemanden unmöglich würde, mit Personen, die er auf der Allee weiß, wieder zusammen zu treffen, sobald er die entgegengesetzte Richtung nimmt, welches nicht so leicht der Fall seyn könnte, wenn sich die Stadt in lange Schweife hier und da hinauszöge, wo auch das

Wohlverhältniß zwischen der Zeit wegfiele, welche dazu gehörte, die Runde um eine solche unförmliche Stadt zu machen, und zwischen derjenigen, welche das Bedürfniß der Lustwandelnden erheischt."[57]

Dieser abwechslungsreiche Rundgang, diese Vielfalt auf engstem Raum, diese mit dem Zirkel gezogene Freiheitsbahn erhält gerade noch den Bezug zur Geselligkeit und gibt dennoch freien Ausblick in die Natur, genauer: auf das Schauspiel, das Leipzigs Promenaden, Schelles Erfahrungsgrundlage, bieten, sie sind Musterbild jenes Spiels zwischen Natur und Kunst, jener ästhetischen Illusion, die der Spaziergänger auf seiner Gradwanderung zwischen Naturschönheit und Einbildungskraft genießt.

IV.

Schelles Spaziergänger ist ein merkwürdiger Typus, eine fast künstliche Figur, ein Grenzgänger, der alle Gefährten, mithin sich selbst zur bloßen Staffage machte und, der Natur entfremdet, sich doch nur scheinbar in einem lieblichen Tal zu Hause fühlte. Menschenkenntnis und Physiognomie, die beiden Lieblingsthemen der Aufklärung, die auch hier nahe gelegen hätten – welches Feld hätte sich hier dem Spaziergänger eröffnet – konnten für ihn keine Leitmotive mehr sein, das bloße Gefallen an der menschlichen Gestalt hebt die aufklärerische Typik in der Ästhetik auf.

Seine Geselligkeitsauffassung und seine Einsamkeitstheorie waren so ungeklärt, wie die Distanz, die zwischen ihm und anderen Fußgängern abzumessen war, oder seine Rolle in der inszenierten Natur. Und dennoch, er ist eine Übergangsfigur, er ist noch kein Flaneur, denn der macht den Boulevard zu seiner Wohnung, die Passage zu seinem Naturersatz und Jagdgebiet, aber er ist dem Flaneur schon unmittelbar auf der Spur, denn beide benutzen die Masse als Asyl, nur hat Schelles Fußgänger noch nicht den „Asphalt" betreten, auf dem jener „botanisieren geht"[58].

Er ist sein Vorläufer, im wörtlichen Sinn, bei einem höchst gefährdeten Unternehmen, das wesentlich von drei Voraussetzungen abhängt: er muß empfindlich sein für Natureindrücke, die Sprache der Natur verstehen, er muß sorgenlos mit unbefangenem Gemüt hinausziehen und er muß allein in einer größeren Stadt oder einsam in freier Natur lustwandeln. Die Promenade ist ein Kunstwerk, ein gefährdetes Kunstwerk in statu nascendi, weil diese Bedingungen nicht immer zutreffen, sie ist eine Gratwanderung, weil sie, einmal begonnen, leicht gestört werden kann, nur eine einzige bekannte Person braucht den Fußgänger seinem Spiel der Einbildungskraft zu entreißen und sein Kunstwerk ist zerfallen, gar vom Abbruch bedroht und er weiß nicht, zu welchem Zeitpunkt er sein genußreiches Spiel wieder aufnehmen kann.

Auch im spielerischen Grundzug ist er Vorläufer des Flaneurs. Auf dem Seitenweg einer Anmerkung zitiert Schelle im Vorbeigehen die Elegie „Der Spaziergang" von Friedrich Schiller und rät von ihrer Lektüre während des Spazierens als „zu methodisch und ernst"[59] ab. Schiller hatte in einem triadischen Geschichtsbild den Verlust der Natur und den Gewinn der menschlichen Freiheit nachgezeichnet, vom Naturzustand, der ‚Sonne Homers‘, über den Beginn der menschlichen Geschichte und den Sieg über die Natur bis zum gegenwärtigen Stand der Suche nach der verlorenen Natur, und er hatte eben jenen Drang dargestellt, das Verlangen, die Natur als sie selbst ästhetisch zu vergegenwärtigen, wo man ihr entfremdet gegenüberstand. Genau darum durfte Schillers Elegie nicht auf den Spaziergang Schelles mitgenommen werden, weil dieser Müßiggänger das ästhetische Einholen der Natur praktisch durchgehen wollte, es leben wollte, dem philosophischen Gedanken die heitere Seite entlocken wollte. Schillers Elegie eignete sich nicht, weil sie gerade das Problem des Spaziergängers von Schelle darstellte. Und der wollte Landschaft und Landschaftsbeschreibung unter keinen Umständen zusammensehen, sie wieder trennen, um sie erfahren zu können, um sich den Freiraum des Müßigganges zu schaffen, sich nicht durch Selbstreflexion stören zu lassen. Und hier eröffnet sich der Sinn des Mottos von Seneca, das Schelle seinem Essay voranstellte: man muß lernen, sich zu freuen, wahre Freude ist eine ernste Angelegenheit, gerade das Ernste bringt wahre Freude, wenn es richtig, in praktisches Lustwandeln umgesetzt wird. Damit das Gelände, das der ‚lustwandelnde Mensch' betritt, gangbar und angenehm bleibt, spazierbar und spazierlich!

Anmerkungen

[1] Johann Wolfgang von Goethe: Faust. Eine Tragödie. In: ders. Werke. Hamburger Ausgabe in 14 Bänden. Hg. von Erich Trunz. Bd. 3. München 10. Aufl. 1976, S. 32 ff.
[2] vgl. dazu die entsprechenden Artikel in Jacob und Wilhelm Grimm: Deutsches Wörterbuch. 32 Bde. Leipzig 1854–1960.

³ die wenigen Lebens- und Werkdaten sind den üblichen Nachschlagewerken entnommen. Ergänzend: Friedrich August Eckstein: Nomenclator philologorum. Leipzig 1871. Wilhelm Pökel: Philologisches Schriftsteller-Lexikon. Leipzig 1882. Weitere Nachforschungen in Archiven waren bislang ergebnislos.

⁴ Zum Zusammenhang Aufklärung-Hypochondrie-Wahnsinn vgl. Wolfgang Promies: Der Bürger und der Narr. München 1966. S. 276 ff.

⁵ als Neudruck wieder zugänglich. Karl Gottlob Schelle: Die Geschichte des männlichen Bartes. Mit einem Nachwort von Ingeborg Kappler. Dortmund 1983.

⁶ als Neudruck wieder zugänglich. Karl Gottlob Schelle: Briefe über Garve's Schriften und Philosophie. Brüssel 1974.

⁷ Schelle, Geschichte des männlichen Bartes (s. Anm. 5), S. V.

⁸ ebd., S. VI. Beide Zitate aus der „Vorrede des Originals".

⁹ Schelle, Briefe über Garve (s. Anm. 6), S. 342 ff.

¹⁰ Karl Gottlob Schelle: Die Spatziergänge oder die Kunst spatzieren zu gehen. Leipzig 1802, S. 45.

¹¹ den Überblick über die französischen Verhältnisse habe ich der unveröffentlichten Tübinger Diss. von Nina Oxenius entnommen: Der Wandel des Spaziergangs in Paris von der zweiten Hälfte des 18. Jahrhunderts bis zum Second Empire. 1987. Für den Einblick in das Manuskript danke ich der Verf. noch einmal herzlich.

¹² Friedrich Schulz: Ueber Paris und die Pariser. Berlin 1791. Bd. 1 (mehr nicht erschienen), S. 526.

¹³ Friedrich Justin Bertuch (Hg.): Paris, Wien und London. Ein fortgehendes Panorama dieser drei Hauptstädte. Rudolstadt 1811–1813. Bd. 2, S. 99.

¹⁴ zit. nach Leo Balet und E. Gerhard: Die Verbürgerlichung der deutschen Kunst, Literatur und Musik im 18. Jahrhundert. Hg. und eingel. von Gert Mattenklott. Frankfurt/Main-Berlin-Wien 1979, S. 289.

¹⁵ Paris, Wien und London (s. Anm. 13), Bd. 5, S. 105.

¹⁶ Ein eindringliches Bild der Zustände vermittelt die unübertroffene kulturgeschichtliche Schilderung von Gustav

Freytag: Bilder aus der deutschen Vergangenheit. Hg. von Heinrich Pleticha. Hamburg 1978. Bd. 3, Kapitel VI und VIII.

17 Georg Simmel: Philosophie der Landschaft. In: ders.: Das Individuum und die Freiheit. Essais. Berlin 1984, S. 130 ff. und Willi Flemming: Der Wandel des deutschen Naturgefühls vom 15. zum 18. Jahrhundert. Halle 1931, S. 81 ff. Zur Philosophiegeschichte auch Joachim Ritter: Landschaft. Zur Funktion des Ästhetischen in der modernen Gesellschaft. Münster 1963. Den Reflex der Landschaft in der Literatur untersuchte bereits Gotthardt Frühsorge: Fenster. Augenblicke der Aufklärung über Leben und Arbeit. Zur Funktionsgeschichte eines literarischen Motivs. In: Euphorion 77/1983, S. 346–358. Dieser Studie verdanke ich entscheidende Anregungen.

18 Flemming, Naturgefühl (s. Anm. 17), S. 98.

19 Christian Garve: Ueber einige Schönheiten der Gebirgsgegenden. In: ders.: Popularphilosophische Schriften. Hg. von Kurt Wölfel. 2 Bde. Stuttgart 1974. Bd. 2, S. 1089 und 1095.

20 Schelle, Spaziergänge (s. Anm. 10), S. 50.

21 aus der Fülle an Literatur zum Thema Gartenbau seien erwähnt: Marie Luise Gothein: Geschichte der Gartenkunst. 2 Bde. Jena 1914. Bd. 2, S. 365 ff. Erhard Hirsch: Dessau-Wörlitz. „Zierde und Inbegriff des XVIII. Jahrhunderts". Leipzig und München 1985. Siegmar Gerndt: Idealisierte Natur. Die literarische Kontroverse um den Landschaftsgarten des 18. und frühen 19. Jahrhunderts in Deutschland. Stuttgart 1981.

22 zit. nach Gerndt, Natur (s. Anm. 21), S. 179. Die technische Beschreibung der Anlage von Wörlitz findet sich bei Gothein (s. Anm. 21), Bd. 2, S. 392 ff.

23 dazu Gerndt (s. Anm. 21), S. 17.

24 Gerndt (s. Anm. 21), S. 145 ff. Zur literarischen Gestaltung des Themas der anregende Aufsatz von Kurt Wölfel: Andeutende Materialien zu einer Poetik des Spaziergangs. Von Kafkas Frühwerk zu Goethes ‚Werther'. In: Zur Geschichtlichkeit der Moderne. Ulrich Fülleborn zum 60. Geburtstag.

Hg. von Theo Elm und Gerd Hemmerich. München 1982, S. 69–90.
Wölfels Studie erweitert Thomas Koebner: Versuch über den literarischen Spaziergang. In: Das achtzehnte Jahrhundert. Facetten einer Epoche. Festschrift für Rainer Gruenter. Hg. von Wolfgang Adam. Heidelberg 1988, S. 39–76. Allein diese beiden grundlegenden Studien beweisen, daß das Thema eine umfassende Untersuchung zur Philosophie und Kulturgeschichte des Spaziergangs verdienen würde.

25 Joachim Christian Blum: Spatziergänge. Karlsruhe 1781, S. 5f. Blums Essays entsprechen der rhetorischen Tradition der digressio. Sie sind Gedankensplitter, kurze moralische Abhandlungen zu unzusammenhängenden Themenkreisen. Diese Tradition der gedanklichen Spaziergänge bedarf einer eigenen Untersuchung.
26 Immanuel Kant: Anthropologie in pragmatischer Hinsicht. In: ders.: Werke in zehn Bänden. Hg. von Wilhelm Weischedel. Sonderausgabe Darmstadt 1983. Bd. 10, S. 443.
27 Jean-Jacques Rousseau: Die Träumereien des einsamen Spaziergängers. Hg. von Martin Müller. Zürich 1985. Erster und zweiter Spaziergang.
28 Rousseau, Träumereien, Siebenter und achter Spaziergang.
29 Schelle, Spatziergänge (s. Anm. 10), S. 219.
30 Schelle, Spatziergänge, 149f.
31 Schelle, Spatziergänge, 152.
32 Schelle, Spatziergänge, 68f.
33 Immanuel Kant: Kritik der Urteilskraft. In: ders.: Werke in zehn Bänden. Hg. von Wilhelm Weischedel. Sonderausgabe Darmstadt 1983. Bd. 8, S. 399ff.
34 Schelle, Spatziergänge, (s. Anm. 10), S. 90f.
35 Schelle, Spatziergänge, 100.
36 Schelle, Spatziergänge, 113.
37 Schelle, Spatziergänge, 122.
38 Schelle, Spatziergänge, 125.
39 Schelle, Spatziergänge, 67 und 121.
40 Schelle, Spatziergänge, 182ff.
41 Kant, Anthropologie (s. Anm. 26), S. 460.

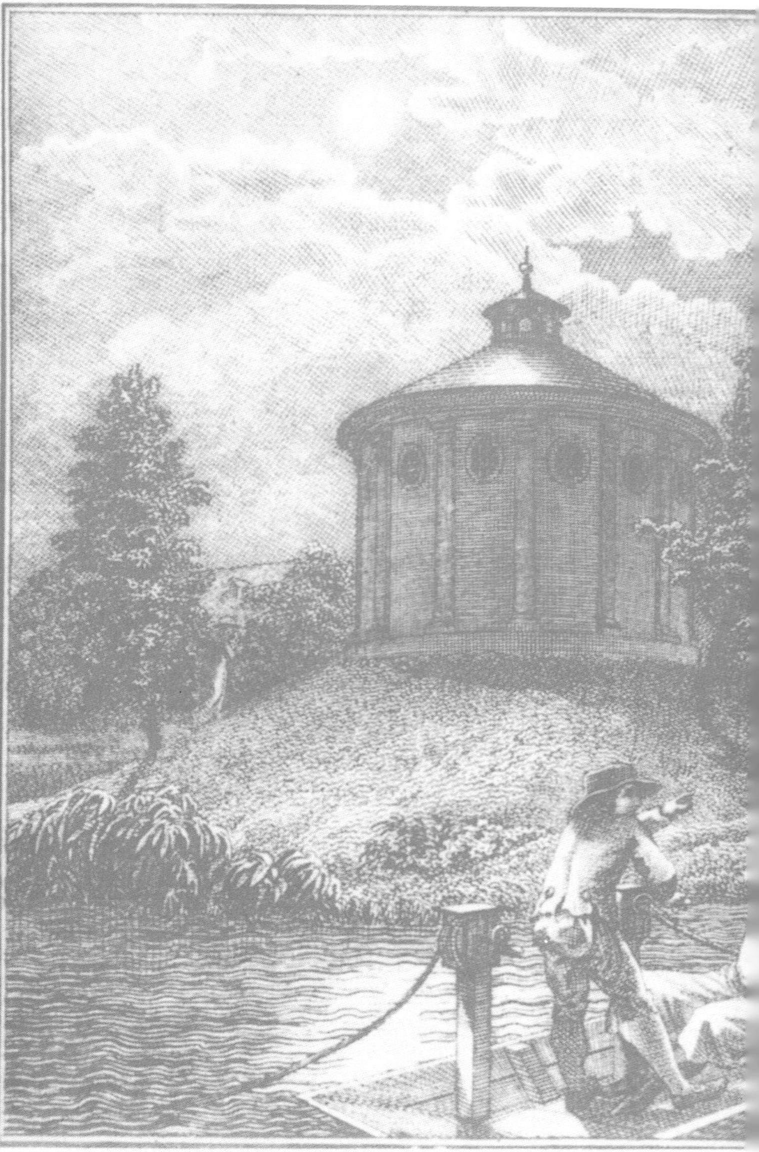